Peter Cleiß · Der Fall Jan Ullrich

Bibliografische Information Der Deutschen Bibliothek:
Die Deutsche Bibliothek verzeichnet diese Publikation in der
Deutschen Nationalbibliografie; detaillierte bibliographische
Daten sind im Internet über http://dnb.ddb.de abrufbar.

Herstellung und Verlag: Books on Demand GmbH,
Norderstedt

ISBN 978-3-8334-9169-6

Für Ulla
Christian, Katharina, Helena, Michael
und Philipp

Danksagung

Clara und Stefan Cleiß haben an der Erstellung des vorliegenden Textes mitgearbeitet. Dafür danke ich herzlich!

Inhalt

Prolog[1]

„Wenn ich bedenke, was im „Fall Ullrich" bisher alles gesagt und geschehen ist und auch, was dabei alles nicht gesagt und nicht geschehen ist, dann kommt es mir vor, als hätten wir es im „Fall Ullrich" mit einem Kriegsgeschehen zu tun."[2] Und Berichte darüber haben ihre eigene Logik.

Die offizielle Version eines Krieges erzählt nie die wahre Geschichte. Geschichte ist die Geschichte der Sieger! So war das immer. Wer am Ende eines Krieges gewonnen hatte bestimmte, was der Nachwelt über die Kriegsgeschehnisse gesagt wurde.

Eigene grausame Taten wurden verschwiegen. Gräueltaten der besiegten Gegner aber wurden in allen Details ausgemalt. Im Rückblick haben immer die Guten über die Bösen gesiegt.

Die Version der Verlierer dagegen war mit diesen selbst untergegangen.

Heute läuft Geschichte und was wir über sie erfahren ähnlich und doch anders ab. Heute bekommt die Weltöffentlichkeit schon lange vor einer Auseinandersetzung gesagt wer die Guten sind und wer die Bösen. Die Bösen sind selbstredend immer die anderen. Und auch während des Konfliktes erfahren wir, dass wir die Guten sind und die anderen die Bösen. So wird die Heimatfront geschlossen.

Wer die Öffentliche Meinung hinter sich weiß hat den Sieg fast schon errungen. Pressearbeit im Vorfeld und während eines Krieges sind entscheidende Teile des Krieges selbst geworden.

Wir alle wissen: Die „offizielle" Berichterstattung über die Geschehnisse der jüngeren Vergangenheit im Irak liefert keine neutrale Berichte über die Kriegshandlungen. Mutige Journalisten und Fotoreporter waren es vielmehr, die uns über unmenschliche Handlungsweisen amerikanischer Militärs in Abu-Ghraib und Guantanamo informiert haben. Die Offiziellen Berichterstatter Amerikas selbst haben sich ganz auf die Gewalttaten der irakischen Gegner konzentriert.

Mediale Vorbereitung und Begleitung der Welt in konflikthaften Themen sind heute aber das tägliche Geschäft aller Medien. Der Kampf um die öffentliche Meinung tobt allenthalben um uns herum. Mittels hochprofessioneller Pressearbeit und Kontaktpflege wird die jeweils eigene Sicht der Dinge massiv gestreut. Medienkrieg herrscht im Blätter-Wald und in den TV-Kanälen der Welt um die Zustimmung der Massen zu erlangen. Wer die Überzeugung der Massen gewinnt, der gewinnt den Kampf.

Was die Menschen für wahr halten ist entscheidend, nicht die Wahrheit selbst – und das eine hat mit dem anderen leider oft nichts zu tun.

Fast im Himmelreich[3]

Straßburg im Ausnahmezustand! Man schreibt den 30. Juni 2006. Mit einem bunten Spektakel werden heute die Teams und Fahrer der Tour de France 2006 vorgestellt. Dicht gedrängt stehen zigtausende radsportverrückter Fans am Ufer der Ill, die sich durch die elsässische Metropole schlängelt.

Die Händler der begehrten Tour-Souvenirs machen gute Geschäfte, die Menschen sind in Kauflaune. Stadtväter und Tour-Organisatoren haben sich etwas Besonderes einfallen lassen für die diesjährige Präsentation der Fahrer. Boote, mit denen sonst Touristen die Straßburger Altstadt befahren, sollen die einzelnen Teams vorbei an ihren Fans bis zur zentralen Bühne unweit des Münsters bringen.

Teilweise seit Stunden warten die gespannten Zuschauer auf ihre Idole. Nach und nach werden die Radprofis und ihre Betreuer in gemächlichem Tempo auf den Schiffen durch die Altstadt herangefahren. Zuerst kommen die eher unbekannten Athleten jener Mannschaften, die ohne Siegchancen dabei sind. Diese Rennfahrer von AGRITUBEL und BOUYGES TELECOM hoffen darauf, sich in den kommenden drei Wochen einen Namen zu machen. Einmal dabei sein bei der großen Tour de France – für viele ist jetzt schon ein Jugendtraum in Erfüllung gegangen.

Weitere Boote nähern sich der Showbühne. Immer öfter entdecken die Zuschauer Gesichter von Fahrern die sie aus TV-Übertragungen schon kennen. Namen werden gerufen und bunte Landesfähnchen geschwenkt. Die Spannung unter den Wartenden am Illufer steigt mit jedem weiteren Boot, das sich der großen Bühne hinter dem altehrwürdigen Rohanschloss nähert.

Eingeweihte erinnert der Name des Schlosses an die „Halsbandaffäre"[4], eine Affäre voller Lug & Betrug, die sich in den 1780-ziger Jahren am französischen Hof ereignet hatte. Aber daran denkt heute keiner.

Genauso wenig wie an jene Gerüchte, die seit dem 23. Mai 2006 in der Radsportwelt immer wieder aufgetaucht sind. Manolo Saiz, Teamchef des spanischen Radprofiteams LIBERTY SEGUROS war verhaftet worden. Gegen Saiz wurde ermittelt weil man ihn eines Dopingvergehens in Zusammenarbeit mit dem spanischen Arzt Eufemiano Fuentes verdächtigte.

Mehrmals war seither auch der Verdacht geäußert worden, Jan Ullrich von T-MOBILE und Ivan Basso vom Team CSC, die beiden Favoriten auf den Toursieg 2006, könnten in diese Dopingaffäre verwickelt sein. Beide hatten immer wieder ihre Unschuld beteuert. Ihre Teams sahen keinen Grund für Maßnahmen gegen die beiden Fahrer.

Auch daran denkt heute keiner.

Die Sonne scheint trotz der frühen Abendstunde immer noch heiß vom Straßburger Himmel herunter. „Ullrichwetter" sagen viele, die sich über die Chancen ihres Idols beim diesjährigen Höllenritt durch Frankreich austauschen. Sonne und Hitze waren dem deutschen Ausnahmesportler immer am liebsten. Da, so sagte er selbst einmal, komme sein Motor erst richtig auf Touren. Bei Regen und Kälte hatte er meist das Nachsehen.

Aber jetzt ist es heiß und die Sonne brennt vom Himmel herunter was das Zeug hält. „Ullrichwetter"!

Nur noch wenige Minuten und die Großen der Zunft, die in hellblau gekleideten Pedaleure aus dem US-amerikanischen Team DISCOVERY CHANNEL, die rot-schwarz-weißen vom dänischen Rennstall CSC und die magentafarbenen aus dem Bonner Team T-MOBILE müssen in Sichtweite kommen.

Plötzlich hört man Rufe und Schreie. Ein immer stärker werdender Lärm rollt wie eine Welle Richtung Rohanschloss. Die Schreie kommen von dort, wo die letzten Boote jetzt unterwegs sein müssen, sie schwellen an, einzelne Rufe übertönen den Lärm. „Ivan" und „Jan" hört man, immer wieder „Jan", „Jan" rufen die Fans als das letzte Boot den Anlegesteg am Rohanschloss erreicht.

Stolz stehen ein paar jugendliche Radrennfahrer eines deutschen Amateurteams Spalier. Sie dürfen heute ihre Idole empfangen und ihnen einmal ganz nahe sein. Gewichtig aussehende Ordner und Sicherheitskräfte führen die Spitzensportler vorbei an aufgeregt umher springenden Journalisten zur großen Showbühne. Dort stimmt Daniel Mangeas, „la voix du tour" - „die Stimme der Tour" -, wie die Franzosen ihren Sprecher im Zielraum der Etappenankünfte liebevoll nennen, seit Stunden das Publikum auf das große Ereignis ein.

Nur ein Fahrer ist noch immer zurückgeblieben, kommt nur schrittweise voran inmitten eines dicht gedrängten Pulks der Spalier stehenden jungen Radfahrer, drängelnder Autogrammjäger und hektischer Fotoreporter. Hoch gewachsen steht er lächelnd zwischen den Jugendlichen, schüttelt Hände, gibt Autogramme, stellt sich bereitwillig zum Foto neben ihm völlig unbekannte Menschen.

Als Jan Ullrich schließlich die Bühne betritt, kennt der Jubel keine Grenzen mehr. Einem Popstar gleich wird er gefeiert. Selbst noch nach jahrelanger Medienpräsenz nimmt seine zurückhaltende, fast schüchterne Haltung die Menschen für ihn ein.

Die Menschen lieben ihn, sie lieben seine ruhige, stille Art. Dass ihm Pressekontakte eher lästig scheinen finden sie sympathisch. Viele sehen sich selbst in ihm wenn er wieder einmal in langen Winterwochen den kleinen Schwächen des Alltags nachgibt. Man hat dieselben Sorgen. Sie entdecken sich selbst in diesem jugendlich wirkenden Radsportler, der mit sturer Verweigerung immer darauf pocht ein Leben auch außerhalb des Radsports leben zu dürfen. Zeitungsberichte die davon erzählen, dass er sich den Forderungen widersetze, gleichsam wie eine Maschine 365 Tage im Jahr funktionieren zu müssen und nur ein siegesgeiler Konkurrent seiner Sportkollegen zu sein wurden nicht als Kritik wahrgenommen. Nein, Jan Ullrich wollte nie wirklich sein wie Lance Armstrong und eben deshalb mögen sie ihn. Er will Siege, aber er ist nicht bereit buchstäblich jeden Preis dafür zu zahlen.

Der Vernichtungswille des Gegners ist nicht seine Stärke. Er hat Talent, wenn man seinen langjährigen Begleitern glauben darf, mehr als die anderen. Und er hat einen Traum, den Traum vom Sieg bei der „Tour de France", dem größten Radrennen der Welt. Dieses Radrennen zu gewinnen, noch einmal zu gewinnen nach seinem ersten Toursieg im Jahr 1997, das war und ist sein großer Traum.

Achtmal stand Jan Ullrich bisher am Start der Tour. Jedes Mal erreichte er in diesem härtesteten Radrennen der Welt das Ziel in Paris, wurde 1997 Sieger und danach fünfmal Zweiter und einmal Dritter. Nur 2004 erreichte er als Vierter keinen Podiumsplatz. Die Siege bei der Tour de Suisse, der spanischen Rundfahrt Vuelta, bei Olympischen Spielen und Weltmeisterschaften komplettieren diese beeindruckende Bilanz. Kein anderer Deutscher hat auch nur Annäherndes im Radsport vorzuweisen. Der Radsport in Deutschland erlebt dank seiner Erfolge einen Boom wie er ähnlich so nur noch im Tennis der Jahre von Boris Becker und Steffi Graf zu beobachten war. Die Deutschlandtour erwacht zu neuem Leben.

Die Prognosen der Fachwelt sind dieses Mal besonders gut, sind besser als in den Jahren zuvor. „Ullrich wird die Tour 2006 gewinnen" hatte sein langjähriger Widersacher Lance Armstrong im Winter prognostiziert. „So gut wie jetzt hat er um diese Jahreszeit nie ausgesehen." Und tatsächlich kann Jan Ullrich schon im Mai während des Giro d'Italia einen ersten Saisonerfolg verbuchen. Das Zeitfahren gewinnt er mit 28 Sekunden Vorsprung vor dem späteren Gesamtsieger Ivan Basso. Und wenige Wochen bevor der Startschuss zur Tour de France fallen soll, holt er zum zweiten Mal den Gesamtsieg der Tour de Suisse beim Ritt durch die Schweizer Berge.

Jetzt steht er da, gertenschlank, „austrainiert" wie die Insidersprache sagt, und voller Hoffnungen. Es ist sein Augenblick, dieser Moment der direkten Begegnung mit den Fans. Ein Blick in sein von den Kameras auf riesigen Leinwänden übertragenes Gesicht zeigt: Jan Ullrich genießt diesen Moment auf seine stille Weise.

Noch zwei Tage, dann werden sie die Straßenränder säumen, werden ihm gleich zu Beginn dieser Tour 2006 frenetisch zujubeln, wenn er beim Prolog durch die Straßburger Innenstadt jagt. Und vielleicht gelingt ihm gleich zu Beginn ein erster Coup mit einem ersten Sieg bei der diesjährigen Tour?

Im Höllental[5]

Lähmendes Entsetzen erfasst die Radsportwelt nur einen Tag später. Viele trauen ihren Ohren nicht, wollen nicht glauben, was die Nachrichtensprecher verkünden. Jan Ullrich, sein Teamkollege Oscar Sevilla und Ullrichs Betreuer Rudy Pevenage sind wegen Doping-Verdachtes vom Team T-MOBILE mit sofortiger Wirkung suspendiert und damit von der Teilnahme an der diesjährigen Tour de France ausgeschlossen worden.

Buchstäblich in den letzten Stunden vor dem Start der Tour de France 2006 ist, so T-MOBILE Sprecher Christian Frommert, den Teams die entscheidende Fax-Nachricht zugeleitet worden.

„Die neuen Erkenntnisse reichen aus, dass wir sagen: Es ist unmöglich, mit den drei weiterzuarbeiten. Wir haben jetzt begründete Zweifel an deren Unschuldsbekundungen, mit der Affäre nichts zu tun zu haben. Selbstverständlich werden Ullrich, Sevilla und Pevenage die Möglichkeit haben, ihre Unschuld zu beweisen" erklärt Frommert im elsässischen Plobsheim.[6]

Ullrich soll seine Unschuld beweisen? Die Marschrichtung von T-MOBILE ist sofort klar! Nicht mehr von „Jan" ist die Rede, man steht nicht mehr nebeneinander, man setzt sich nicht gemeinsam mit Anschuldigungen Dritter auseinander. Nein, von jetzt an verläuft die Frontlinie mitten hindurch zwischen Jan Ullrich und „seinem" Team T-MOBILE.

Die Medienprofis von T-MOBILE machen postwendend ganze Arbeit. „Natürlich", so T-MOBILE Sprecher Christian Frommert, bekämen Jan Ullrich und die anderen „Gelegenheit ihre Unschuld zu beweisen". Und dabei könne eine DNA-

14

Probe hilfreich sein, sekundiert sofort Luuc Eisenga, ein weiterer Sprecher in Diensten von T-MOBILE. Selbstverständlich könne über eine etwaige Vertragsverlängerung des zum Jahresende auslaufenden Vertrages mit Ullrich erst nach erbrachtem Beweis der Unschuld diskutiert werden ergänzt Stefan Wagner, dritter T-MOBILE Sprecher im Bunde.

Als sei die Marschroute von langer Hand vorbereitet sind die Fronten zwischen T-MOBILE und Jan Ullrich nur Minuten nach Bekanntgabe jener Faxnachricht und der daraus gezogenen Konsequenzen abgesteckt: Ullrich als der Beschuldigte hat seine Unschuld zu beweisen und er solle zu diesem Zweck eine DNA-Probe abliefern.

Der eigentliche Arbeitgeber von Jan Ullrich, die Olaf-Ludwig Cycling GmbH, steht bei alle dem merkwürdig am Rand des Geschehens. Nicht der Arbeitgeber von Jan Ullrich handelt da und sorgt für Fakten. T-MOBILE, der Sponsor des Teams, erklärt den Ausschluss von Ullrich, Sevilla und Pevenage.

Jan Ullrich kennt zu diesem Zeitpunkt noch nicht einmal die Vorwürfe im Einzelnen.[7] Gelegenheit sich zur Beratung mit Vertrauten zu treffen die nicht selbst zum neuen übermächtigen „Gegner" T-MOBILE gehören, gab es noch nicht. Jene, die ihn bisher immer beraten hatten im Umgang mit den Medien sind nun plötzlich die Gegner und sie wissen nur zu gut, dass dies nicht sein Parkett ist.

Und er tappt sofort in die ihm listenreich gestellte Falle. „Ich werde versuchen mit Hilfe meines Anwalts meine Unschuld zu beweisen", nimmt der allein gelassene Radrennfahrer den ihm zugespielten Ball auf. Ein fataler Fehler, den er in den Tagen und Wochen danach vergeblich versucht zu korrigieren. „In einem Rechtsstaat gilt nicht nur für mich, sondern für jeden anderen Menschen auch die

Unschuldsvermutung bis das Gegenteil bewiesen wurde", korrigiert sich Jan Ullrich später nach Beratung mit seinen Anwälten. Aber genüsslich wird ihm seither immer wieder vorgehalten, er hätte doch selbst angekündigt seine Unschuld beweisen zu wollen und solle dies nun gefälligst auch tun.

Der Medienkonzern lässt keine Zeit mehr verstreichen. Mit einem medialen Flächenbombardement werden fortan Tag für Tag die Redaktionen im Land mit Meldungen von dpa & BDR (Bund Deutscher Radfahrer) geradezu überschwemmt.

Jan Ullrich und später der ebenfalls suspendierte zweite Tourfavorit Ivan Basso[8] beteuert zwar vehement seine Unschuld, doch in der beginnenden Schlacht um die öffentliche Meinung ist die Machtverteilung von Anfang an unzweifelhaft geklärt.

Der milliardenschwere Medienkonzern, Großsponsor des BDR und schwergewichtige Werbepartner von ARD und anderer deutscher TV-Sender hat die Meinungsbildner der deutschen Öffentlichkeit auf seiner Seite.

Dass T-MOBILE mit seinem Vorgehen rechtlich die Dinge auf den Kopf stellt, wird von den Geschäftspartnern der Medienbranche praktisch nicht thematisiert. In unablässigem Stakkato bekommt die deutsche Öffentlichkeit seit jenem 30. Juni 2006 die immer selbe Begriffskombination in die Köpfe gehämmert: Ullrich & Doping & DNA   Ullrich & Doping & DNA   Ullrich & Doping & DNA   …

Während in früheren Jahrhunderten Bücher verboten wurden um die darin enthaltene Überzeugung zu unterdrücken, wird heute eine nicht gewollte Sicht der Dinge in einer Flut von anders lautenden Meldungen einfach zugedeckt.

Und man sorgt zugleich vor. „Selbst wenn der Test negativ ausfiele, bestünde noch die Möglichkeit, dass fremdes Blut zum Doping benutzt werden sollte"[9], vermerkt schon am 30. Juni eine von BDR & dpa verbreitete Meldung. Mit anderen

Worten: Für den Fall, dass ein panikartig zum DNA-Test marschierender Jan Ullrich mit negativem Testergebnis seine Unschuld beweisen wolle, muss allen klar sein, dass ein negatives Testergebnis natürlich kein Unschuldsbeweis wäre.

Eine merkwürdige Schlussfolgerung derselben Mitteilung folgt: „Die entscheidende Frage ist, ob die DNA der Proben in jener Madrider Praxis mit Ullrichs Erbsubstanz übereinstimmen. Ist das der Fall, wäre bewiesen, dass der T-MOBILE-Profi mit dem Labor zusammengearbeitet hat."[10]

Radprofis die Jahr für Jahr unzählige Male an der Nadel hängen sollen wissen wo die sie behandelnden Doktoren das abgezapfte Blut hinbringen?

Dabei weiß doch kaum ein Mensch dieser Welt, der jemals Blut abgenommen bekommen hat, wo sich dieses Blut anschließend befindet und ob sachgemäß damit umgegangen wurde. Soll das bei einem Radsportler anders sein?

Nicht der Nachweis, dass Blut jener Madrider Praxis in Ullrichs Körper hineingelangte ist also laut T-MOBILE zu führen, sondern Ullrich soll nachweisen, dass kein Blut von ihm an einem verbotenen Ort in Madrid gelagert wird.

Der Erfolg der Strategie des Medienriesen T-MOBILE ist durchschlagend.

Nur wenige Tage nachdem jene Radamateure in Straßburg Jan Ullrich noch voller Aufregung und Stolz die Hand schüttelten, ihm mit leuchtenden Augen viel Glück für die Tour wünschten und eben noch schnell ein gemeinsames Foto mit ihrem Idol schossen, erklärt der Teamchef dieses Radclubs gegenüber einer regionalen Zeitung, dass er fast nicht mehr an die Unschuld von Ullrich glaube, „Sonst hätte Jan Ullrich ja eine DNA-Analyse machen können." Die *Frankfurter Allgemeine Sonntagszeitung* titelt ein halbes Jahr später in ihrer Weihnachtsausgabe: „Papiere hin, Papiere her: Wer stoppt den Dopingverdächtigen Radprofi?"

Das Mediengewitter ist erfolgreich. Die Menschen fragen nicht mehr nach Beweisen und Fakten. Ullrich soll einfach weg. Basta.

Von T-MOBILE spricht inzwischen längst keiner mehr. Der Milliardenkonzern mit besten Verbindungen in die Welt der öffentlichen Meinungsmacher ist aus den Schlagzeilen. Andere betreiben an seiner Stelle das Geschäft eines Krieges um die öffentliche Meinung, der mit gnadenloser Härte geführt wird – ungeachtet der Tatsache, dass die juristische Sachlage sich längst als zweifelhaft erwiesen hat.

Von „Beweisen" hat T-MOBILE Sprecher Frommert an jenem 30. Juni 2006 im Elsass gesprochen[11], Beweise, die „nachhaltig zweifeln lassen" und zum Handeln zwingen würden.

Über sechs Monate später aber ist von Beweisen für die Schuld des Beklagten nicht mehr die Rede und T-MOBILE Sprecher Christian Frommert ist von der Bühne der Auseinandersetzung verschwunden.

Ganz im Sinne der Anfangsstrategie des Bonner Medienkonzerns stellt sich die deutsche Öffentlichkeit inzwischen völlig andere Fragen. Jetzt lautet die Frage, warum Ullrich denn diesen angeblich so einfach zu führenden Beweisweg mittels DNA-Test nicht ergreift, ob er nicht doch etwas zu verbergen habe, ob seine Weigerung nicht einem Schuldeingeständnis gleich käme. Unzählige Male bekommen die Leser und TV-Seher mitgeteilt wie sicher und zugleich einfach herzustellen eine solche Analyse sei. Und sie begreifen, dass Ullrichs Weigerung den Test durchzuführen einem Schuldeingeständnis gleichkommt.

Die skeptischen Hinweise von Juristen? Die Bedenken der Datenschützer? Der Hinweis darauf, dass selbst ein negatives Ergebnis gar nicht als Unschuldsbeweis taugen würde? Fehlanzeige.

Allerdings fragt sich manch einer schon bald, warum das Verfahren gegen den ebenfalls verdächtigten Rennfahrer Ivan Basso und andere so ganz anders verläuft. Auch Basso hat keinen DNA-Test geliefert. Dennoch wird das Verfahren gegen ihn mangels Beweise einer Schuld eingestellt. Warum kann Basso beim Spitzenteam des einstigen Toursiegers Lance Armstrong, DISCOVERY CHANNEL, sogar einen neuen Vertrag unterzeichen? Warum wurde Basso vom italienischen Staatspräsidenten öffentlich ausgezeichnet[12] nachdem alle Untersuchungen gegen den italienischen Profi eingestellt worden waren?

Welchen Gegner hat Jan Ullrich, den Basso und der ebenfalls längst freigesprochene Kolumbianer Santiago Botero[13] nicht haben?

Die Antwort scheint nicht schwer. Basso und Botero hatten ein juristisches Verfahren zu bewältigen, das mangels Beweise gegen sie mit einem Freispruch endete.

Jan Ullrich dagegen hat einen Krieg um die öffentliche Meinung zu führen gegen einen auf diesem Feld übermächtigen Gegner. Ein Gerichtsprozess ist gegen ihn selbst ein halbes Jahr nach seinem Rauswurf bei T-MOBILE noch gar nicht eröffnet.

Über Tage, Wochen und Monate sieht sich der ehemalige Publikumsliebling öffentlich an den Pranger gestellt. Sein einstmals werbeträchtiges Image wird in Grund und Boden gestampft. „Papiere hin, Papiere her – wer stoppt den Dopingverdächtigen Radsportler" - die Verurteilung von Jan Ullrich ist für manche Medienleute keine Frage eines Gerichtsentscheids mehr. Lang bevor die Gerichte geklärt haben, ob sich Ullrich überhaupt schuldig gemacht hat, ist sein Name und damit das Kapital für sein weiteres Leben zerstört.

Während der Radprofi sich in der Annahme, es ginge um Schuld oder Unschuld, mit seinen Anwälten auf eine juristische Auseinandersetzung konzentriert und dabei eigene

„Öffentlichkeitsarbeit" kaum betreibt, kämpfen seine Gegner auf ganz anderem Terrain.

Ein vergleichender Blick auf die Geschehnisse rund um den Langstreckenläufer Dieter Baumann einige Jahre zuvor lohnt.

Mit zwei nachgewiesenen positiven Dopingproben und gleich mehreren gescheiterten Versuchen sich vor Gericht durchzusetzen ist Dieter Baumann juristisch gesehen klarer Verlierer seines Kampfes gegen die Dopingvorwürfe.[14]

Aber Dieter Baumann ist nicht Verlierer im Kampf um die öffentliche Meinung. Er hat, im Unterschied zu Jan Ullrich, von Beginn der Anschuldigungen an öffentlich und pausenlos angekämpft gegen die erhobenen Vorwürfe. Nur ein halbes Jahr nach seiner Suspendierung wegen nachgewiesenem Doping darf Baumann wieder starten. Er hat erreicht, dass die Öffentlichkeit ihn als Opfer einer „Zahnpasta-Affäre" sieht. Demzufolge sollen Unbekannte Dopingsubstanzen in Baumanns Zahnpasta eingebracht haben.[15]

Heute begleitet der offiziell des Dopings überführte Dieter Baumann die Rolle eines Funktionärsberaters bei seinem Heimatsportverband Baden-Württemberg[16] und ist gern gesehener Stargast bei öffentlichen Lauftreffs.

Jan Ullrich dagegen riskiert, den juristischen Streit am Ende zu gewinnen aber in der Öffentlichkeit dennoch als der große Verlierer dazustehen. Die Marke Jan Ullrich droht nichts mehr wert zu sein.

Im Vertrauen darauf in einem Rechtsstaat zu leben, hat er sich auf den juristischen Streit konzentriert. Seine ihm eigene Zurückhaltung gegenüber den Medien wird im Kampf um die öffentliche Meinung zum Nachteil für ihn. Während seine Gegner pausenlos ihre Sicht der Dinge vertreiben, verhält sich der Radprofi wie jener Bräutigam, der seiner Frau am Tag der Hochzeit versichert sie zu lieben und das dies so bliebe bis er das Gegenteil sage. Aber nicht nur Bräute, auch die Öffentlichkeit braucht regelmäßige Bestätigung und Zuspruch, damit sie das Vertrauen nicht verliert.

Wir leben in einem Medienstaat, lehren uns die Ereignisse. Und die Gesetze eines Medienstaates sind leider so.

Ullrichs Gegner wissen das genau. Sie wählen sorgfältig ihre Nachrichten aus. Vergeblich sucht man auf der Internetseite des BDR nach Informationen die ein positives Licht auf Ullrich werfen könnten. Noch nicht einmal der Hinweis darauf, dass die Fangemeinde noch immer so groß ist, dass unter der Zahl ihrer Zugriffe und Einträge schon nach kürzester Zeit die Internet-Seite „vote-for-ulle.de" zusammenbricht, ist den Medien eine Nachricht wert. Vom Vorhandensein einer Website mit dem Titel „freie-fahrt-fuer-ulle.de"[17] erfahren die Leser von BDR-Nachrichten nichts. Ullrich-freundliche Abstimmungsergebnisse zum Beispiel des ZDF werden nicht gemeldet oder in langen Texten gekonnt verborgen.

Kunstvoll wird an einem Bild gestrickt eines von allen einstigen Fans allein gelassenen Jan Ullrich, der unaufhaltsam einem tragischen Schicksal entgegen taumelt.

Bis in die Wahl der Fotos hinein die man den jeweiligen Veröffentlichungen hinzufügt, wird der Leser auf Linie gebracht. Ein ernster Jan Ullrich der mit verbissener Miene aus dem Finstern heraus in die ach so helle Welt blickt ist eines der beliebtesten Fotos zu Nachrichten im Anti-Dopingkampf der BDR-Website rad-net.de.

Als die Zeitschrift *Sportbild* Ende 2006 einen Fotoreporter vor Ullrichs Haus in Lauerstellung platziert hatte, lieferte dieser natürlich nicht ein Foto vom eben von einer Trainingsfahrt zurückkehrenden Sportler. Nein, das Foto, das die Sportbildleser zu sehen bekommen zeigt Jan Ullrich beim späteren Gang zum Mülleimer. Die Botschaft ist auch ohne Worte klar.

„Nibelungo", „Jan", „Hijo Rudicio"?[18]

In allen Dopingkontrollen des Jahres 2006 wurden Jan Ullrich, Ivan Basso, Jörg Jacksche und die anderen verdächtigten Fahrer negativ getestet. „Ich habe damit ja praktisch meine Unschuld bewiesen" kommentiert Jan Ullrich selbst diese Tatsache.[19]

Niemand hält den Fahrern also ein positives Testergebnis vor. Der erhobene Vorwurf lautet vielmehr, Jan Ullrich und die mit ihm Verdächtigten verberge sich hinter Codenamen in Aufzeichnungen des spanischen Arztes Eufemiano Fuentes. Dieser Arzt steht im Verdacht Sportler mit unerlaubten Dopingmitteln behandelt zu haben. Ullrich soll mit einem Arzt zusammen gearbeitet haben, dem Doping zum Vorwurf gemacht wird.

Quelle der behaupteten Schuld der Rennfahrer sind Unterlagen der spanischen „Guardia Civil". In Unterlagen, die bei Dr. Fuentes gefunden wurden, so die Behauptung, seien auch Aufzeichnungen der Patienten des Arztes enthalten.

Die Patienten tauchen in diesen Aufzeichnungen aber nicht mit ihrem tatsächlichen Namen auf. Vielmehr sind für alle Patienten sogenannte Codenamen verwendet worden. Die Aufgabe der Untersuchungsbehörde besteht also darin, herauszufinden, wer sich hinter jedem dieser Codenamen tatsächlich verbirgt.

Dabei gilt das Interesse der spanischen Behörden nicht den Patienten. Doping ist im spanischen Recht kein Straftatbestand, der von staatlichen Behörden aufzuklären wäre. Das Interesse der „Guardia Civil" gilt Dr. Fuentes selbst. Nach spanischem Recht ist es verboten Dopingmittel zu verabreichen, weil sie eine Gefährdung für Gesundheit und Leben des Patienten darstellen können.

Patientendaten stehen dagegen auch in Spanien unter einem besonderen Schutz. Auch in anderen europäischen Ländern führen Untersuchungen gegen einen Arzt ja nicht dazu, dass die Daten seiner Patienten an die Öffentlichkeit gegeben werden.

Wieso und auf welchem Weg kamen die Patientenlisten von Dr. Fuentes dennoch an die Öffentlichkeit? Kann man davon ausgehen, dass Namenslisten, die auf dubiosem Weg aus den Händen der „Guardia Civil" an die Öffentlichkeit gelangen, in jedem Fall den tatsächlich gefundenen Listen entsprechen? Sind die Dokumente überhaupt echt?

Die Echtheit der Dokumente vorausgesetzt, befinden sich auf dieser Liste die Code-Namen von Patienten des spanischen Arztes Dr. Fuentes sowie diesen Namen jeweils zugeordnete Substanzen. Es handelt sich also um eine verschlüsselte Patientendatei des Mediziners. Die „Guardia Civil" geht davon aus, dass sie mehrere Code-Namen den tatsächlich dahinter stehenden Personen zuordnen kann. Wie sie dabei vorgeht erfährt die Öffentlichkeit nicht. Wir erfahren nur das angebliche Ergebnis der Recherchen und Spekulationen.

Manche Personen bringt die „Guardia Civil" mit nur einem einzigen Codenamen in Verbindung. Andere Personen dagegen sollen sich gleich hinter mehreren Code-Namen ein und derselben Liste verbergen. Eine Erklärung für den Sinn dieses merkwürdigen Systems liefert die „Guardia Civil" nicht.

Jan Ullrich wird von der „Guardia Civil" mit mehreren Codenamen in Verbindung gebracht. „Hijo Rudicio", „dritte Person", die Nummer „1" und ein geheimnisvolles „Jan" sollen allesamt für Jan Ullrich stehen.[20] Frei nach dem Motto „wir haben für jeden etwas im Angebot" vermeldet ein spanisches Männermagazin im Dezember noch „Nibelungo" als weiteren Code-Namen für Ullrich.[21]

23

Die Code-Namen der Liste sollen die wirklichen Empfänger der zugeordneten Substanzen verbergen. So ist die Theorie der Strafverfolgungsbehörden.

Was verbirgt eigentlich der Code-Name „Jan"?

Die Antwort kann nur lauten: Nicht viel – wenn er für einen tatsächlichen Jan steht, alles – wenn er für irgendeine x-beliebige andere Person steht, die aber dann gerade nicht Jan heißt.

Dem Italiener Ivan Basso ordnen die spanischen Behörden den Code-Namen „Birillo" zu. Man will herausgefunden haben, dass Ivan Basso einen Hund hat mit diesem Namen.

Wie bei Jan Ullrich ist auch hier der zugeordnete Code-Name eher ein Hinweis auf Basso als ein Unkenntlich machen seiner Identität.

In einer Zeit, in der schon Zehnjährige lernen wie das Passwort für ihr E-Mail-Konto verfasst sein muss, damit es wenigstens minimalste Sicherheitsstandards erfüllt, will man uns glauben machen, dass ein spanischer Arzt sein angeblich jahrelang im Verborgenen betriebenes und europaweit verflochtenes Dopingnetzwerk mit Hilfe von Codenamen dieser „Qualität" verborgen hat?

Oder war Dr. Fuentes klüger als die spanische Polizei? Hat er gemacht, was jeder halbwegs spannende Vorabendkrimi zu tun pflegt: falsche Fährten legen?

Die Merkwürdigkeiten gehen weiter. Die entscheidende Fax-Nachricht erhielten die Teams in Straßburg nach eigenem Bekunden direkt am Vortag des Starts zur Tour 2006, genauer, in der Nacht vom 29. auf den 30. Juni. Nur zwei Tage zuvor, am 27. Juni, hatte die Tour-Organisation Jan Ullrich und den anderen Verdächtigten ausdrücklich die Starterlaubnis gegeben, weil gegen ihn und alle anderen keine Beweise vorlägen und es nur Vermutungen gäbe.

Aber irgendjemand wollte offensichtlich mit allen Mitteln verhindern, dass Ullrich, Basso & Co. tatsächlich starten dürfen. Und so erhielten die Teams in der Nacht zum 30. Juni Informationen aus Patientendaten des Dr. Fuentes nach Straßburg geliefert. Dieses Fax enthielt schriftlich, was mündlich zuvor schon in aller Öffentlichkeit verhandelt wurde: dass Ullrich, Basso und andere verdächtigt werden hinter Codenamen einer Patientenliste von Dr. Fuentes zu stehen.

Was an dieser Information war neu, was war anders als zwei Tage zuvor, als die Tour-Organisation noch allen Grünes Licht gegeben hatte?[22]

Welche nachvollziehbare Erklärung gibt es für den auffälligen Zeitpunkt zu dem die Teams dieses Fax erhielten? Am 23. Mai 2006 war der Chef des spanischen Teams LIBERTY SEGUROS, Manolo Saiz, verhaftet worden. Warum dauerte es von diesem ersten öffentlichen Akt der „Operation Puerto" genannten Untersuchung bis zum Vortag des Tourstarts am 01. Juli 2006, um ein Fax zu übermitteln, das gar keine Beweise enthält, sondern nur die seit Wochen in aller Öffentlichkeit verhandelten Spekulationen der „Guardia Civil" ?

Ergebnis des späten Zeitpunktes ist jedenfalls, dass die betroffenen Fahrer keine rechtlichen Schritte mehr einleiten konnten.

Und warum hatte es T-MOBILE jetzt plötzlich so eilig? Innerhalb weniger Minuten wurde Jan Ullrich suspendiert, Stunden danach nach Hause geschickt und nur wenige Wochen später per Fax gekündigt.

Mutmaßungen spanischer Ermittler, Jan Ullrich könne sich hinter einem oder mehreren Codenamen auf einer Liste des spanischen Arztes Fuentes verbergen, reichten T-MOBILE zum sofortigen und endgültigen Bruch.

Nach fast zehnjähriger Zusammengehörigkeit lagen zwischen dem umjubelten Auftritt des deutschen Radsportidols bei der Fahrervorstellung in Straßburg und seiner endgültigen Entsorgung durch T-MOBILE gerade einmal drei Wochen.

Vom ursprünglich erklärten Zugeständnis, Jan Ullrich und die anderen Beschuldigten hätten selbstverständlich Gelegenheit ihre Unschuld zu beweisen, war innerhalb kürzester Zeit keine Rede mehr. Eine Pflicht zum Unschuldsbeweis innerhalb von nur 14 Tagen haben Christian Frommert und seine Kollegen ihrem Angestellten vorgegeben. Zur inhaltlichen „Begründung" ihres eigenen Handelns in Straßburg hatten sie sich die Zeit vom 23. Mai bis 30. Juni gelassen. Beweise für Ullrichs Schuld haben sie sogar sechs Monate später noch nicht geliefert.

Aber die Pflicht zum Schuldbeweis durch den Kläger beziehungsweise Arbeitgeber hat der Medienkonzern sowieso elegant umgangen.

Mit der Kündigung und Vertragsauflösung hat T-MOBILE mit dem Fall Jan Ullrich gar nichts mehr zu tun. Die Beweispflicht liegt jetzt juristisch gesehen allenfalls beim Lizenzgeber des Fahrers, dem Schweizer Radsportverband, der wegen Ullrichs Wohnort in der Schweiz zuständig ist beziehungsweise den Funktionären des Internationalen Radsportverbandes UCI.

Was gewinnt T-MOBILE durch sein Handeln?

„Eine mutige Entscheidung" lobte Tour-Chef Jean-Marie Leblanc T-MOBILE dafür Ullrich und seinen Teamkollegen Oskar Sevilla nach Hause zu schicken. Sein Nachfolger in der Tour-Leitung geht noch einen Schritt weiter im Lob der „großartigen Courage" von T-MOBILE. „So eine harte Entscheidung wie im Fall Jan Ullrich zu treffen, zeugt von großer Kraft. Das war wunderbar" äußert Christian Prudhomme. „Es hat mich positiv überrascht, dass sie so knallhart gesagt haben: alles auf den Tisch" antwortet die ehemalige BDR-Vorsitzende Sylvia Schenk auf die Frage, wie sie das Handeln von T-MOBILE beurteile.

Ein Halbes Jahr später verleiht Tour-Chef Christian Prudhomme der T-MOBILE Präsentation auf Mallorca besonderen Glanz. Ganz entgegen allen Gewohnheiten besucht der die Magentatruppe im Trainingslager. Sein erneuter Lobgesang auf T-MOBILE wird vom ZDF werbewirksam in die Welt übertragen.

Zustimmung und Lob von allen Seiten sind die Reaktionen gegenüber T-MOBILE.

Der Imagegewinn des in zurückliegenden Jahren so gebeutelten Medienriesen ist enorm. Seit dem 30. Juni 2006 steht der Bonner Konzern für eine Haltung der Sauberkeit, Ehrlichkeit und Konsequenz. Während andere Konzerne Schlagzeilen machen mit Lustreisen, Korruptionsaffäre und Mannesmann-Millionen dürfen sich die T-MOBILE Manager über positive Pressemeldungen rundherum freuen.

Und den Anschlussvertrag, den T-MOBILE mit Ullrich erst wenige Jahre zuvor für die Zeit nach dessen aktiver Laufbahn geschlossen hat[23], ist man gleich auch noch los.

Damals hatten die Bonner Ullrich zurückgeholt ins eigene Team. Nach einem Party-Drogenmissbrauch war er ein Jahr lang für das Team COAST beziehungsweise BIANCI gefahren.

Sowohl T-MOBILE als auch das dänische Team CSC buhlten um den deutschen Radstar. T-MOBILE behielt im Bemühen Jan Ullrich unter Vertrag zu nehmen die Oberhand.

Ullrich selbst begründete den von vielen kritisierten Vertragsabschluss zugunsten der Bonner unter anderem damit, dass man ihm hier einen Anschlussvertrag für die Zeit nach dem Ende seiner Laufbahn mit angeboten habe. Vom „Rentenvertrag" sprechen manche Medienvertreter daraufhin.

Jetzt, wenige Wochen vor dem vermutlichen Ende der Profilaufbahn des Sportlers nach einem erhofften zweiten Toursieg und dem anschließenden Wechsel in diesen

27

„Rentenvertrag", sorgte T-MOBILE dafür, dass dieser Vertragsteil nie zum Tragen kommen wird – noch nicht einmal dann, wenn Jan Ullrich am Ende als zu unrecht beschuldigt freigesprochen werden sollte.

Haben die T-MOBILE-Funktionäre in Straßburg panikartig die Flucht nach vorne angetreten? Trieb sie die Furcht vor permanenten Dopinggerüchten zu einem nicht mehr korrigierbaren Schritt bei dem die Rechte Beschuldigter auf der Strecke blieben?

Oder war dies alles so von langer Hand geplant?

„Wir hatten uns schon auf eine Nach-Ullrich-Ära eingestellt",[24] sagte Christian Frommert am Rande der Tour de France im Sommer 2006 einmal.

Wer nur darauf schaut, was „unten herauskommt" kommt nicht umhin festzustellen, dass T-MOBILE alles richtig gemacht hat. Die eigenen Firmenskandale sind vergessen, der Imagegewinn weit über Deutschland hinaus riesig und hohe monatliche Gehaltszahlungen für einen gar nicht mehr aktiven Ex-Radprofi ist man auch noch los.

T-MOBILE ist für Jan Ullrich jedenfalls Geschichte. Die Anwälte der beiden Parteien treffen in gegenseitigem Einvernehmen eine Vereinbarung zur Vertragsauflösung. Für den Medienkonzern ist der Fall abgeschlossen. Dass Jan Ullrich auch für alle anderen kein Thema mehr ist, dafür sorgen nun vornehmlich jene, die ihrerseits enge Beziehungen zu T-MOBILE pflegen.

Bundesdeutsche Medien, allen voran die großen TV-Sender, der Bund Deutscher Radfahrer BDR, Veranstalter wie die Deutschland-Tour – sie und andere erhalten regelmäßig satte Sponsorenbeträge und Werbegelder von dem Bonner Milliardenkonzern. Mit skeptischem Blick schauen manche Journalisten auf die mediale Macht die Silvio Berlusconi in

Italien ausüben könnte. Die Verflechtungen und Abhängigkeiten der Medien im eigenen Land scheinen weniger aufzufallen.

Die sind doch alle gedopt!

„Weiter im Wolkenkuckucksheim? ... längst sind Verdacht und positive Proben Teil des Pelotons ... alle dopen, ohne Dopen geht es nicht." Sylvia Schenk, ehemalige BDR-Vorsitzende zitiert in der Silvesterausgabe der *Frankfurter Allgemeinen Zeitung*, was vor ihr schon so viele schon so häufig gesagt haben.

Die Botschaft hinter diesen Worten ist deutlich: Ullrichs Beteuerungen nichts mit den Dopingverdächtigungen aus Spanien zu tun zu haben sind nicht glaubhaft. Ullrich müsse in jedem Fall gedopt haben, denn alle dopen! Unklar ist lediglich, ob es ihm nachgewiesen werden kann. Und wirklich ärgerlich ist deshalb, dass er es nicht einfach zugibt.

Jésus Manzano, Ex-Rennradprofi beim spanischen Team KELME und verurteilter Dopingsünder, erklärt im deutschen Fernsehen: „Alle 139 Tour-Fahrer, die Paris erreichten, waren gedopt." David Millar, Ex-Doping-Sünder vom Team COFIDIS, äußert Anfang Juli, angesprochen auf ein nun sauberes Fahrerfeld nach der Suspendierung von Ullrich und Basso: „Das ist eine verdammt unrealistische Hoffnung, denn das wäre so, als wenn Schweine fliegen könnten!" und erteilt jeglicher Siegchance ohne Doping in einem ProTour Rennen eine Absage. Drei Monate später fliegt derselbe David Millar bei der 13. Etappe der Spanien-Rundfahrt „Vuelta" zum Sieg. „Dieser Erfolg ist ein Statement an meine Kollegen und die Fans: Man kann ein ProTour Rennen gewinnen, ohne zu dopen", liest sich das Statement des 29-Jährigen jetzt.

Der Heidelberger Molekular-Biologe Werner Franke betont, dass ein Sieg ohne Doping nur im Sprint möglich sei, wohl weil der menschliche Körper ohne Hilfen die Anstrengungen einer Bergetappe oder langen Alleinfahrt bei Flachetappen gar nicht zu leisten vermag.

„Ich, der mit Doping überhaupt nichts zu tun hat und völlig unschuldig ist, muss dazu jetzt immer reden…" beklagt sich derweilen der deutsche Radprofi und Ex-Teamkollege von Ivan Basso, Jens Voigt.

Eben dieser Jens Voigt hat in der Saison 2006 geradezu nach Belieben gewonnen. Nicht nur bei der Tour de France gewann er eine der schwersten Etappe. Voigt gewann auch die Gesamtwertung der Deutschland-Tour 2006, holte sich den Sieg bei der schweren Bergankunft auf dem Arlbergpass, gewann nach der Deutschland-Tour das Rennen Rund um die Hainleite, den Sparkassen Giro in Bochum, die Gesamtwertung im TUI-Cup.[25]

Da ist doch klar: Wenn Jésus Manzano, Professor Werner Franke und Co. Recht haben, dann müsste Jens Voigt bei seinen Siegen eigentlich gedopt gewesen sein.

Generalverdacht geht eben nur generell!

Jens Voigt hat ja selbst allerhand dazu beigetragen, dass Radsportler sich heute einem Generalverdacht gegenüber sehen. Wer langjährige Kollegen beim Aufkommen eines Verdachtes schon „auf den Scheiterhaufen" schmeißen will und die „abartige Blutpanscherei" beklagt, glaubt den Fahrerkollegen, die ihre Unschuld beteuern nichts und den Klägern alles. Wer wie Voigt für sein Urteil gegen Kollegen nicht einmal mehr Beweise braucht, muss ja offensichtlich mehr wissen als die Öffentlichkeit bisher weiß, mehr als die Gerichte und mehr als die Strafverfolgungsorgane wissen.

Was weiß Jens Voigt das er bisher verschwiegen hat? Was weiß Hans-Michael Holczer, Team-Chef des Profiteams GEROLSTEINER, das ihn schon in einer ersten Reaktion nach Bekanntwerden der Vorwürfe im Elsass von der „vielleicht letzten Chance des Radsports, daraus wirklich zu lernen" sprechen lässt?

Radrennfahrer und Radsportfunktionäre, die mit Vorverurteilungen dieser Art mitstricken am Generalverdacht gegen Radsportler, für sich selbst aber jeden Verdacht zurückweisen, sind ein Widerspruch in sich selbst.

So lange Radrennen gefahren werden wird es Sieger geben. Und so lange es Sieger gibt wird es bei gegenwärtiger Logik á la Werner Franke & Co. auch Dopingverdächtige geben. Der nächste Sieger ist immer der nächste Verdächtige. Schlimmer noch: der nächste Sieger ist als Verdächtigter der nächste „unehrenhaft" Entlassene.

Denn nicht mehr der Beweis eines Dopingvergehens, sondern allein schon das Vorliegen eines Dopingverdachtes soll laut eines so genannten „Ethik-Codes" der ProTour-Teams fortan ausreichen um einen Fahrer zu suspendieren.

Ob wir demnächst hören, dass dieser „Ethik-Code" auch für das sonstige Personal der Teams, die Funktionäre der Verbände, die Chefs der Rundfahrten und Manager der Sponsoren gilt? Bei Patrick Lefevere sehen die Kollegen selbst eine Woche nach bekannt werden heftiger Dopingvorwürfe[26] noch immer keinen Grund zur Anwendung ihres „Ethik-Codes". Der QUICK-STEP Teamchef Lefevere ist Vorsitzender der Teamchef-Vereinigung und somit zugleich oberster Hüter dieses „Ethik-Codes".

Es kann kein Zweifel bestehen: Doping ist Sportbetrug und darüber hinaus in aller Regel ein gesundheitliches Risiko für den dopenden Sportler.

Die Behandlung des Themas Doping im Radsport aber ist derzeit vor allem ein kollektiver Rückfall in archaische Verhaltensmuster biblischer Zeiten.

Bibelfesten Zeitgenossen springt die Parallele zur Erzählung vom Sündenbock[27] im Alten Testament buchstäblich ins Auge, wenn sie, inmitten einer dauergedopten Gesellschaft, die kollektive Hatz hinter ein paar Radsportlern her beobachten.

Riesen Gewinne machen die Hersteller der alltäglichen Hilfsmittel für schulische Leistungen mit ihren dargebotenen kleinen Helferlein zum Runterschlucken. Gedopte Abiturienten sind kein Thema der öffentlichen Auseinandersetzung und auch nicht jene aufgeputschten Jugendlichen die selbst noch nach 24 Stunden Dauer-Disko mit künstlich hochgehaltener Pulsfrequenz auf unseren Straßen den Heimweg antreten. Gelernt haben sie´s von den Erwachsenen, die ihnen vorleben, wie man sich im Dschungel der Pillen, Gifte und Drogen zurechtfindet.

Alkohol als Stimmungsmacher bei feuchtfröhlichen Wein- und Bierfesten, die Pille gegen den Kopfschmerz am Morgen danach, in unsäglichen Mengen genossener Kaffee zum Erhalt der Schaffenskraft, ein verdauungsfördernder Schnaps nach unsinniger Völlerei, Nikotinstängel als Fluchthilfe in ein bisschen Entspannung zwischendurch und, und, und…

Warum eigentlich soll im Radsport verboten sein, was doch sonst überall in unserer Gesellschaft selbstverständlich ist? Doch wohl, weil die Einnahme von Doping-Substanzen einen Betrug darstellt und schädlich oder sogar gefährlich ist.

Warum aber diskutieren wir dann das Dopingproblem als Problem des Radsports? Glaubt denn jemand Betrug und die Verwendung gefährlicher Substanzen sei nur ein Problem des Radsports?

In der Bibel hat der in die Wüste gejagte Sündenbock keine Änderung zum Wohle aller bewirkt. Einige Zeit später waren wieder ausreichend Sünden zusammengekommen, um den nächsten Bock mit den Sünden aller zu beladen und ihn in die Wüste zu schicken.

Dopingregeln die nicht in Übereinstimmung mit den gesellschaftlichen Gegebenheiten zu bringen sind werden auch zukünftig keinerlei Chance auf eine Lösung des Problems haben. Dass der Italiener Francesco Moser, 55-jährige Radsportlegende und Präsident der Vereinigung der Radprofis (CPA) die Freigabe von Doping zumindest für Profis diskutieren will, ist deshalb weniger eine Provokation als vielmehr eine Anregung über den Tellerrand des Radsports hinaus zu denken.

Wie früher im Alten Testament Jahr für Jahr wieder einen Sündenbock mit großem Brimborium in der medialen Wüste seinem Schicksal zu überlassen, wird jedenfalls weder dem Radsport noch unserer Gesellschaft insgesamt weiterhelfen.

„Alle Radfahrer sind gedopt" – „alle Politiker lügen" – „alle Lehrer sind faul" – „allen Unternehmern geht's nur ums Geld" – „alle Journalisten sind gekauft" – „alle Bürgermeister sind korrupt" – … Wer mit Verallgemeinerungen dieser Art auf andere einprügelt, sollte sich nicht wundern, wenn er selbst Opfer einer Pauschalverurteilung wird.

Big brother is watching you

Daten sammeln ist zum großen Gesellschaftsspiel geworden. Auch der Nachwuchs wird schon an die Regeln des Spieles gewöhnt. Das beliebte Gesellschaftsspiel „Monopoly" hat die Spiel-Geldscheine ersetzt und die Spiel-Kreditkarte eingeführt. So gewöhnen sich schon die Kleinsten früh daran immer und überall Spuren zu hinterlassen, mit denen andere dann tun was immer ihnen einfällt.

Etwas fehlt im neuen „Monopoly". Es fehlen jene Bankangestellten, die zwar Kreditkarten an ihre Kunden vermitteln, selbst aber niemals eine Kreditkarte nutzen würden. Die Verweigerung des wissenden Insiders ist im Spiel jedenfalls nicht vorgesehen.

Wie im Märchen vom „Schneewittchen", wo die Hexe vorsichtig vermied selbst von der vergifteten Hälfte ihres eigenen Apfels abzubeißen, bekommt König Kunde heute auf Schritt und Tritt praktische Möglichkeiten zum bezahlen von Rechnungen und sammeln von Punkten angeboten, die von den Verkäufern der „vergifteten" Ware nur mit spitzen Fingern angefasst werden.

Die nächste Runde im Datensammelspiel ist schon eingeläutet. Schulen beginnen damit Schülerinnen und Schülern per Fingerabdruck ihr Mittagessen in der Kantine bezahlen zu lassen. Einzelhandelsgeschäfte ziehen nach und bieten ebenfalls diesen bequemen Kundenservice zur Erledigung der täglichen Einkäufe an. Nach dem Finger-Scan am Flughafen bei der Einreise in Amerika jetzt also auch an der Kasse im Supermarkt und beim Brötchenkauf.

Einige Bundesländer planen die automatische elektronische Erfassung von Kennzeichen vorbeifahrender PKW. Wer mit einer der Punkte-Karten mancher Geschäftsverbünde und Tankstellen Punkte zu sammeln pflegt, liefert sein Bewegungs- und Einkaufsprofil ebenfalls in ihm völlig fremde Hände.

Ungeahnte Möglichkeiten eröffnet die neue Kartenpflicht am Zigarettenautomaten. Zukünftig gibt es da jemanden, der weiß, ab welchem Alter wir Zigaretten geraucht haben und wie viele es täglich waren. Krankenversicherer könnten da schon ein Interesse haben an diese Information heranzukommen. Der ein oder andere Versicherungskunde bekommt dann vielleicht vorgerechnet wie hoch der Risikozuschlag angesichts seines Vorlebens ausfällt. Und er wundert sich unter Umständen darüber was die alles wissen.

Wie scharf große Unternehmen auf personenbezogene Daten sind, lehrt uns alle der große Geschäftserfolg der Erfinder einer neuen Internetplattform. StudiVZ[28] heißt eine Website, die nach Presseberichten erst im Jahre 2005 freigeschaltet worden war. Studierende geben bei StudiVZ ihre Daten preis, können so von einstigen Schulfreunden gefunden werden und finden selbst alte Bekannte wieder. Ein Studentennetzwerk ist entstanden von ungeheuerem Ausmaß.

Jetzt, so die neusten Informationen, haben die Erfinder von StudiVZ ihr Geschäftsmodell verkauft. Aus einer anfänglichen Startinvestition von 5.000 € wurde innerhalb kürzester Zeit ein erlöster Verkaufswert, den die Medien auf 50 – 100 Millionen Euro schätzen. Käufer soll der Holzbrinkverlag sein[29]. Holzbrink verlegt unter anderem *DIE ZEIT*[30], eine Wochenzeitung mit starkem Zuschnitt auf das akademische Publikum.

Mit dem Kauf von StudiVZ hat sich *DIE ZEIT* gewissermaßen die kompletten Stammdaten ihrer zukünftigen Zielgruppe gesichert. In der neuen Welt sind personenbezogene Stammdaten nahezu unbezahlbar.

Wäre es nicht praktisch, wenn jetzt auch noch der bisher so eingeschränkte Umgang mit unserer DNA aufgelockert würde und zum Beispiel unser jeweiliger Arbeitgeber über eine hinterlegte DNA all seiner Mitarbeiter verfügen könnte?

„Manchmal macht das T Angst"[31]

Werden Ihre Telefon-Festnetzverbindungen von der T-Com gesammelt? Führen Sie ihre Handy-Gespräche über T-MOBILE? Haben Sie Ihr E-Mail-Postfach bei T-online? Nutzen Sie die T-online-Software für Ihren Internetzugang und Ihre online-Bankgeschäfte? Bezahlen Sie an der Tankstelle und beim Kauf Ihrer Arzneimittel in der Apotheke mit einer Kreditkarte, die Sie im Shop der T-Com erworben haben? Gibt es in der begonnenen virtuellen Datenwelt von Morgen irgendwelche wesentliche Daten über Sie persönlich, Ihre Interessen, Ihre Reisevorlieben, Ihre Einkäufe, Ihre Bankgeschäfte, Ihre beruflichen und privaten Kontakte, die nicht in den Datenspeichern des Hauses mit dem großen „T" im Namen zusammenlaufen?

Haben Sie ausreichendes Vertrauen in das Geschäftsgebaren von TELEKOM & T-MOBILE?

Die letzten zehn Jahre Firmengeschichte TELEKOM & T-MOBILE zeigt Erstaunliches.

Da gibt es zum Beispiel Meldungen über einen Skandal um den Börsengang der so genannten TELEKOM-„Volksaktie" im Jahre 1996. Zahlreiche Kleinanleger erlebten damals diesen Berichten zufolge einen bösen Reinfall[32]. Frank Lehmann, 17 Jahre lang Moderator der „Börse im Ersten", antwortet am Ende seiner Dienstzeit auf die Frage, was denn das aufregendste Ereignis während dieser 17 Jahre gewesen sei: „Ich ärgere mich heute noch über den Börsengang der TELEKOM 1996, als ihr damaliger Chef Ron Sommer und Finanzminister Theo Waigel ständig von der Volksaktie sprachen und kein Wort von den Risiken."[33]

Fünf Jahre später, so erfahren wir, habe die Bonner Staatsanwaltschaft ihre Ermittlungen gegen die Deutsche

TELEKOM wegen Milliardenschwerer Überbewertung der Immobilien eingestellt. Die TELEKOM, so Oberstaatsanwalt Friedrich Apostel, zahlte dafür im Gegenzug fünf Millionen Euro für einen gemeinnützigen Zweck. Der Verdacht selbst bestehe aber weiterhin fort.[34]

Eine Nettigkeit am Rande: In einer offiziellen Stellungnahme der TELEKOM wurde damals großer Wert auf die Feststellung gelegt, dass die Zahlung keinem Schuldeingeständnis gleichzusetzen sei und man selbstverständlich für sich weiterhin „die Unschuldsvermutung" in Anspruch nähme![35]

Exakt derselbe Konzern, der für sich selbst die Unschuldsvermutung reklamiert, schafft sie für Jan Ullrich und andere ab. Dabei ist die Abschaffung der Unschuldsvermutung für Einzelne längst mehr als ein Vorfall allein im Radsport.

Im September 2006 protestiert die deutsche Internetwirtschaft gegen die von der Bundesregierung „geplante Speicherung von Internet-Nutzungsdaten. Die Regelung öffne der Totalüberwachung der gesamten Bevölkerung Tür und Tor und untergrabe das rechtsstaatliche Prinzip der Unschuldsvermutung"[36]. Ein Vorgang, der andere schon vom „leisen Tod der Unschuldsvermutung in Deutschland"[37] sprechen lässt und deutlich macht, dass Jan Ullrich derzeit erleidet, was uns allen schon bald droht.

Aber noch einmal, so Medienberichte, sahen sich T-MOBILE Aktionäre als die Gelackmeierten. Durch den Zusammenschluss der zuvor selbständig operierenden Unternehmen T-MOBILE und T-Com sollen die Gewinne von T-MOBILE mit den satten Verlusten von T-Com verrechnet worden sein. Inhaber von zuvor hoch bewerteten T-MOBILE Aktien sollen so über Nacht all ihre Gewinne verloren und sich betrogen gefühlt haben.[38]

Und schließlich findet sich da noch eine Anzeige vom April 2003 gegen T-MOBILE wegen illegaler Speicherung von

Verbindungsdaten.[39] Obwohl von Datenschutzbeauftragten schon mehrfach das Sammeln von Verbindungsdaten kritisiert worden war, soll T-MOBILE Verbindungsdaten gespeichert und weitergegeben haben.

Zweifel am angestrebten Saubermann-Image des Milliardenkonzerns nähren darüber hinaus die menschlich befremdlichen Umgangsformen der Bonner. „Es kommt einem Putsch gleich, als einige wenige Mitglieder des Aufsichtsrates der deutschen TELEKOM beschließen, Kai-Uwe Ricke vom Chefsessel zu kippen" und dem Rest des Gremiums nur bleibt „den Vorgang abzunicken", schreibt *Die ZEIT* Ende des Jahres 2006.

Die Kündigung die man Jan Ullrich per Fax mitteilte, passt in dieses Bild.

Die angebliche „Null-Toleranz-Haltung" in Sachen Doping mag man im Übrigen kaum glauben angesichts der Tatsache, dass T-MOBILE, wie auch der zweite deutsche Rennstall GEROLSTEINER, noch im Frühjahr 2006 ihre Teams an der Kalifornienrundfahrt teilnehmen ließen. Hauptsponsor jenes Rennens ist ausgerechnet der US-Pharmakonzern AMGEN, dem Vernehmen nach der weltweit größte Hersteller von EPO.[40] Statt einer klaren Forderung an die Rennveranstalter nur noch Firmen, die keine Dopingmittel herstellen, als Sponsoren zuzulassen, vollzieht man lieber den sofortigen Ausschluss eines Fahrers wenn dieser unter Dopingverdacht gerät.

Lässt sich diese Heuchelei noch steigern?

T-MOBILE hat noch eine Steigerung auf Lager: Am 16. September 2006 erfährt die Öffentlichkeit, dass auch der Spanier Alejandro Valverde ebenfalls Kunde des Mediziners Eufemiano Fuentes sei. Auf einem beschlagnahmten Dokument soll sich der Codename „Valv. (Piti)" gefunden haben, wobei „Piti" der Name von Valverdes Hund sein soll.

Erste Gerüchte über eine Verstrickung Valverdes waren sogar schon im Mai 2006 öffentlich bekannt geworden.[41]

Im Januar 2007 folgt die Mitteilung, dass T-MOBILE eben diesem Alejandro Valverde ein Angebot unterbreitet hat.

„Wir haben Valverde, der uns versicherte, nicht mit dem Dopingarzt Fuentes zusammengearbeitet zu haben, danach die für uns erforderlichen Unterlagen zugeschickt, die er unterschreiben sollte", sagte T-MOBILE Sprecher Stefan Wagner.

Hat nicht auch Jan Ullrich immer versichert nichts mit Dr. Fuentes zu tun gehabt zu haben?

Radsportfans, die sich nach der Ullrich-Suspendierung mit ihren Fragen und ihrem Ärger direkt an T-MOBILE wandten, bekamen darauf eine seltsame Antwort.

Nach allgemeinen Ausführungen zur Suspendierung von Ullrich und den anderen Fahrern nutzte T-MOBILE den Kontakt noch schnell zur Werbung in eigener Sache.

„Kennen Sie schon die Tarife von T-Com? Zum Beispiel rund um die Uhr oder am Wochenende für ... telefonieren. ...?"
Viele Grüße aus Bonn
Team Mobile Fanbüro

...endet das Antwortschreiben der Bonner.

„Wes Brot ich ess, des Lied ich sing"

Alleingelassen ist Europas größter milliardenschwerer Medienkonzern im Kampf gegen den Radsportler vom Bodensee im übrigen nicht. Britta Bannenberg eilt zur Hilfe. Frau Bannenberg ist Kriminologin an der Universität Bielefeld und war einst selbst als Leichtathletin aktiv[42]. Von früheren Anzeigen von Frau Bannenberg in anderen „Betrugs-Fällen" ist nichts bekannt. Im Skandal um betrogene Fußballfans durch den ehemaligen Bundesligaschiedsrichter Hoyzer jedenfalls hat Frau Bannenberg offensichtlich keinen Anlass gesehen, tätig zu werden. Ebenfalls nicht bekannt ist, dass sie in der Vergangenheit versucht hätte TELEKOM-Kleinanleger juristisch gegen den Konzern zu unterstützen. Auch von Anzeigen gegen Dopingsünder in der Leichtathletik, ihrer eigenen ehemaligen Sportart, ist nichts bekannt. Der Fall von Dieter Baumann hätte sich hier angeboten.

Jetzt aber klagt Frau Bannenberg, die nach eigenem Bekunden weder Jan Ullrich kennt noch zum Radsport eine besondere Beziehung zu haben scheint auf Schadenersatz, den Jan Ullrich T-MOBILE schulde.[43]

Erleben wir also demnächst, dass Ex-Radprofi Jens Heppner einen dopingverdächtigen Skilangläufer verklagt? Verfolgen schon bald deutsche Fußballer Betrug bei Schwimmwettkämpfen?

Wollte Frau Bannenberg nur von Dopingskandalen der Leichtathletik ablenken? Ging es der Kriminologin lediglich darum am publikumswirksamen Fall Jan Ullrich teilzuhaben?

Handelt Frau Bannenberg aus eigenem Antrieb?

„Ich habe mich selbst gewundert, dass T-MOBILE Ullrich nicht auf Schadensersatz verklagt hat", erklärt die Juristin gegenüber der Presse.

Der ganze Irrsinn dieser Klage erreicht ihren unappetitlichen Höhepunkt im September 2006.

Jan Ullrich, frisch vermählt und, wie die Weltöffentlichkeit über seine Website und zahlreiche Presseveröffentlichungen weiß, abgereist in die Flitterwochen, bekommt zuhause unerwartet Besuch.

Weil es offensichtlich in den Terminkalendern der Strafverfolgungsorgane keinen anderen freien Termin gab, reiste ausgerechnet jetzt der Fahndungstrupp im schweizerischen Scherzingen an und nahm Ullrichs Zuhause auseinander. Ein Nachbar musste anstelle der verreisten Hausleute öffnen. Jan Ullrich und seine Frau beendeten ihre Flitterwochen.

Dass diese Terminwahl in einem ohnehin längst überholten Verfahren – die Anwälte von Ullrich und T-MOBILE hatten längst bereits die Vertragsauflösung in gegenseitigem Einvernehmen beschlossen - einem anderen Zweck diente als dem „Weichklopfen" des Verdächtigten mag man nicht glauben.

Parallelen zur auffälligen Wahl des Termins für die Suspendierung Ullrichs erst am Vortag der Tour 2006 sind nicht von der Hand zu weisen.

Merkwürdig zusammen passt Frau Bannenbergs Handeln mit einer anderen Beobachtung: Der Umgang mit dem Thema Doping beim Radsportverband einerseits und bei den Leichtathleten andererseits. Er könnte nämlich unterschiedlicher kaum sein!

Die offizielle Website des deutschen Leichtathletikverbandes widmet dem Thema Doping auf ihrer Startseite eine allgemeine Information zum Thema Anti-Doping. Wer nach dem Dopingfall Dieter Baumann sucht, stößt neben anderem zuerst auf einen Bericht über das tolle

Comeback des Langstreckenläufers nach zweijähriger Sperre beim Sparkassen-Indoor in Dortmund.

Ganz anders dagegen der BDR. Unter der Website-Adresse rad-net.de veröffentlicht der BDR seit Ende Juni 2006 in steter Folge vor allem Meldungen zum Themenkomplex „Ullrich & Doping & DNA".

20 Topmeldungen bietet der BDR zum Beispiel am 05. Dezember 2006 seinen Lesern auf der ersten Seite seines offiziellen Internetangebotes. Ein halbes Jahr nach Ullrichs Suspendierung in Straßburg beschäftigen sich zwölf dieser Topmeldungen mit dem Themenkomplex „Ullrich & Doping & DNA".

Das Bemühen des BDR die Begriffskombination „Ullrich & Doping & DNA" ganz im Sinne von T-MOBILES Eröffnungspressekonferenz im elsässischen Plobsheim weiterhin zu puschen ist unverkennbar. Der Radsport wird von seinen eigenen Funktionären regelrecht zur Dopinghölle „geschrieben".

Sind die Radsportler klüger und anständiger als die Leichtathleten?

Die offizielle Begründung für dieses sonderbare Handeln ist, man täte alles um das Dopingthema offensiv und wirkungsvoll anzugehen. Die tatsächliche Wirkung, derer sich natürlich vor allem die Medienprofis bewusst sind, ist eine ganz andere.

Werfen wir zum Vergleich einen Blick auf die Internetseiten krisengeschüttelter Konzerne.

Die Internetseite von Siemens liefert zum Begriff „Korruptionsaffäre" null Treffer, die Internetseite von VW kennt den Begriff „Lustreisen" nicht, auf der Internetseite der Deutschen Bank sucht man vergeblich nach Informationen zur „Mannesmannaffäre". Die Deutsche TELEKOM / T-MOBILE liefert keine einzige Information zum hauseigenen Börsenskandal rund um die seinerzeitige „Volksaktie"![44]

Und sogar Rudolf Scharping handelt mit Blick auf seine eigene Person ganz anders als der von ihm geleitete BDR. Seine private Website kann mit dem Stichwort „Vielflieger-Affäre"[45] überhaupt nichts anfangen. Auch die seinerzeitigen Vorwürfe, Bundeswehrsoldaten seien nicht rechtzeitig auf den Umgang mit radioaktiver Munition bei ihrem Balkaneinsatz hingewiesen worden[46], sind dem Ex-Minister keine besondere Erwähnung wert. Und wer genaueres wissen will über die Enthüllungen wegen Honoraren eines PR-Beraters darf nicht auf der Website des Ex-Ministers stöbern.

Warum verfolgt der BDR aber genau die umgekehrte Strategie? Wird er zu seiner erkennbar schädigenden Pressearbeit gedrängt? Oder sind die Verantwortlichen beim BDR einfach nur weniger klug? Glauben die BDR-Verantwortlichen nicht einmal mehr selbst an „saubere" Radsportler die es nicht verdient haben Opfer eines Generalverdachtes zu werden?

Volkes Stimme sorgt jedenfalls für eine deutliche Antwort. Biathleten, Schwimmer und Langläufer sind fein raus. Radsport ist zum Synonym für Doping und Betrug geworden. Sponsoren wenden der Sportart den Rücken, weder die Friedensfahrt im Osten noch der Luk-Cup im Südwesten werden im Jahr 2007 wie ursprünglich vorgesehen stattfinden können. Und auch die spanische Murcia-Rundfahrt kämpft Anfang des Jahres 2007 ums pure Überleben.

Der Schaden der gegenwärtigen Dopinghysterie ist belegbar und er wird den Radsport noch belasten, wenn T-MOBILE und andere vermutlich längst nicht mehr mit von der Partie sind. Im Jahr 2007 will der Telefonriese laut einer Meldung vom vergangenen Spätherbst seine Ausgaben im Sportsponsoring um 200 Millionen Euro senken.[47] Man muss kein Prophet sein um zu wissen, dass das Engagement des Medienkonzerns im Radsport spätestens dann seinem Ende entgegen dümpeln wird, wenn die ehemals werbewirksame Attraktivität des Radsports vernichtet ist.

Zurückbleiben wird aber, so die mögliche Hoffnung der Bonner, ein unbezahlbarer Imagegewinn als Firma Saubermann. Börsenskandal, überbewertete Grundstücke und Anzeigen wegen widerrechtlicher Datenspeicherung wären wirkungsvoll überdeckt vom neuen Glanz. Untergehen wird nicht der Medienriese, der Untergang droht allenfalls dem Radsport in seiner heutigen Form.

„Nein, den Traum von der Radprofikarriere haben wir abgehakt. Ich motiviere meinen Sohn nicht dazu einen Beruf anzustreben, bei dem er sich der Willkür irgendwelcher Großsponsoren ausliefern muss die ohne auch nur mit der Wimper zu zucken mal eben schnell Grundrechte eines Einzelnen über Bord kippen" kommentiert der Vater eines jungen Radrennfahrers die Geschehnisse des Jahres 2006.

Schon minderjährige Rennfahrer die neben der Schule viele Stunden Freizeit in ihr zeitaufwändiges Training stecken, müssen sich heute gegen wissende Blicke und Bemerkungen ihres Umfeldes zur Wehr setzen. Nicht mehr die Bewunderung für ihren ungeheueren Trainingsfleiß ist ihnen gewiss. Heute riskieren sie Fragen nach ihren geheimen Mittelchen und deren Lieferanten.

Eltern von Radsportlern erleben schon einmal, dass man an ihr Verantwortungsgefühl appelliert angesichts der Tatsache, dass sie im Begriff sind ihren Sohn einem kriminellen Umfeld zuzuführen. Selbst Erik Zabel erkennt die Dramatik dieser Zusammenhänge. „Wenn ich Jungprofi wäre, dann hätte ich mir sicher große Sorgen um die Zukunft gemacht" äußert einer der erfolgreichsten Radsportler der deutschen Radsportgeschichte gegenüber den Medien.[48]

Das alles scheint den Radsportpräsidenten und langjährigen Politiker Rudolf Scharping wenig zu kümmern. Lange Jahre in höchsten politischen Ämtern mitverantwortlich für die Bekämpfung von Straftätern und Gesetzesbrechern ist Rudolf Scharping nie sonderlich hervorgetreten als Vorreiter für einen verpflichtenden DNA-Test bei Kriminellen etwa. Während sein Heimatland Rheinland-Pfalz weiterhin nichts wissen will von DNA-Tests für gewalttätige Hooligans zum Beispiel schwadroniert der ehemalige Politiker jetzt mit Blick auf Radprofis „Ich würde noch weiter gehen. Es müssen auch Proben aufgehoben werden" und fordert generelle Blut- und Gentests.

Heftige Unterstützung bekommt Rudolf Scharping von Hans-Michael Holzer, Teamchef des ebenfalls deutschen Profirennstalls GEROLSTEINER. Schon im Juli 2006 erklärt er mit Blick auf jene Rennfahrer, gegen die ein „begründeter Dopingverdacht" vorläge: „Die lassen wir einfach nicht mehr Fahren". Die Regeln nach denen entschieden wird, wann ein Dopingverdacht als begründet anzusehen sei erklärt Hans-Michael Holczer nicht. Er sagt auch nicht wer über diese Frage zu entscheiden habe und worin die Rechte des Verdächtigten bestehen sollen.

Ganz offensichtlich sind Regeln dieser Art nicht geplant und Rechte der Beklagten nicht vorgesehen. Radprofis befinden sich derzeit auf dem Weg zurück in eine neue Form der Leibeigenschaft. Die Funktionäre, Teamchefs und Sponsorenvertreter nehmen sich die Rolle von Ankläger, Beweisführer und Richter in einem – und die Politik schaut zu.

Wenigstens einige der Profis machen ein wenig den Mund auf. „Solche Tests sind ein schwerwiegender Einbruch in das Privatleben der Fahrer" sagt Alejandro Valverde, ebenfalls verdächtigter Fahrer aus Spanien, während seines Urlaubs. "Wenn wir dem zustimmen würden, was würde als nächstes kommen? Die Hosen vor dem Start runter lassen?". Und Paolo Bettini sagt, dass er einen verpflichtenden DNA-Test ablehnen werde, weil er sich nicht wie ein „Serienmörder" behandeln lassen möchte.

Die Reaktion von Hans-Michael Holczer hierzu lautet: "Ich denke, Bettini missversteht unser Anliegen. Der DNA-Test ist, wie gesagt, kein Kontrollinstrument, sondern bedeutet eine Chance für den Athleten. Es gibt doch für einen Fahrer nichts Schlimmeres, als zu Unrecht verurteilt zu werden. Mit dem genetischen Fingerabdruck hat er die Möglichkeit sich zu wehren..."[49]

Man will es fast nicht glauben. Der DNA-Test soll gar kein Kontrollinstrument sein? Haben wir alle da etwas missverstanden? Täuscht sich Erik Zabel wenn der einstige Ullrich-Teamkollege zu Jahresbeginn erklärt „Mit DNA-Tests hätten wir sofort Sicherheit, und das ist es was wir brauchen....". Alles nur ein Irrtum?

Dass Hans-Michael Holczer und seine Kollegen die Radprofis lediglich Zwangsbeglücken wollen, der DNA-Test gar nicht unabdingbare Forderung der Teams sondern wohlverstandenes Schutzinstrument für die Profis sei, werden dem einstigen Mathematiklehrer nicht einmal Pisa-geschädigte Rechenschwache abnehmen. Das Gerede von „freiwilliger Pflicht" zum Test[50] ist eine unfreiwillige Peinlichkeit. Entweder freiwillig oder Pflicht, die Kombination von beidem geht nicht.

Freiwillig kann im Übrigen doch schon heute jeder Radprofi, wenn er denn will, eine DNA-Probe liefern um etwaigen Anschuldigungen zu begegnen. Warum sonst hätte man denn Jan Ullrich und die anderen Beklagten ständig aufgefordert eine DNA-Probe zu liefern?

Aber nicht nur Holczers Begründung für den DNA-Pflichttest[51] ist absurd.

Einen mündlich getroffenen „Ethik-Code" haben die Teamchefs zum Abschluss der Tour 2006 vereinbart.[52] Im Kern bedeutet diese neue Vereinbarung der ProTour-Teams, dass ein „begründeter Verdacht" gegen einen Fahrer ausreicht, um diesen von einem Rennen auszuschließen. Wie die Praxis zeigt, besteht in den Augen der Teamchefs ein begründeter Verdacht sogar dann noch, wenn das Verfahren gegen einen Fahrer mangels Beweis eingestellt wurde. „Ein Ethik-Code der freigesprochenen Fahrern Rennen verbietet ist kein Ethik-Code", kommentiert der ohnmächtig kaltgestellte Jörg Jacksche zu Recht. Was von den Teams als „Ethik-Code" verkauft wird, ähnelt viel eher einem Ermächtigungsgesetz[53] für die Arbeitgeber der Profis, als einer Vereinbarung, an der sich alle Beteiligten zu orientieren hätten.

Ein Ethik-Code, der ermöglicht, dass ehemalige Dopingverdächtige und Dopingsünder wie Bjarne Riis (Teamchef CSC) und Patrick Lefevere (Teamchef QUICK-STEP) weiterhin an zentraler Stelle im Radsport mitwirken und nun Gericht sitzen über nicht verurteilte Verdächtige und diese mit einem Berufsverbot belegen, stellt vor allem einen Missbrauch des Begriffes Ethik dar.

Was die Teams vereinbart haben ist kein Ethik-Code. Die Teams haben sich ein Ermächtigungsgesetz gegeben und nicht einmal dafür demokratische Prinzipien beachtet. Sie haben das Recht von unten nach oben verteilt, sie haben zweierlei Recht geschaffen!

Im Januar 2007 bringt eine flämische Tageszeitung den Teamchef des ProTour-Teams QUICK-STEP, Patrick Lefevere, massiv mit Doping in Verbindung. Lefevere gesteht, in den siebziger Jahren selbst Dopingmittel benutz zu haben. Dealer sei er aber nie gewesen, er habe immer nur für den Eigenkonsum eingekauft.[54] Heute ist Lefevere einer der einflussreichsten Manager im internationalen Radsport und begleitet neben anderem das Amt des Vorsitzenden des

Verbandes der Profirennställe. „Der Ethik-Kodex den Lefervere im Namen der Mannschaft vor sich herträgt wie eine Monstranz, ist Heuchelei", so einer der QUICK-STEP Profis gegenüber der *Gazet von Antwerben*.[55]

Für die Teamchefs selbst scheint der Ethik-Code nicht zu gelten. Und wir werden auch in Zukunft kaum erleben, dass ein T-MOBILE Manager beim Aufkommen eines Verdachtes nicht nur den Arbeitsplatz, nein, sogar jedes Recht auf Ausübung seines Berufes verliert – ohne Verfahren! Genauso wie verdächtigte Politiker wohl auch zukünftig als Meister im Aussitzen ihren Geschäften weiter nachgehen werden oder bei irgendeinem neuen publicityträchtigen Amt auf die Füße fallen.

Zur Ehrenrettung einiger sei gesagt, dass wenigstens Wolfgang Schäuble und sein Ministerium anfänglich jede Vorverurteilung Ullrichs und der anderen zurückwies. Inzwischen aber sind die Vertreter des Bundes wenn nicht zu Befürwortern der öffentlichen Hexenjagd, so doch zumindest zu schweigsamen Duldern der Vorgänge mutiert.

Ob da ein gemeinsames Geschäftsinteresse nachwirkt? Immer noch gehört der Bund zu den Großaktionären der Telekom.[56]

Andere Politiker blasen recht aktiv ins Jagdhorn. Peter Danckert, SPD-Abgeordneter im Deutschen Bundestag, erklärt gegenüber der *Passauer Neuen Presse*, es reiche nicht aus, wenn Ullrich für sich die Unschuldsvermutung reklamiere. Ullrich müsse beweisen, dass er keine verbotenen Substanzen genommen habe oder nehmen wollte.[57] Peter Danckert ist Vorsitzender des Sportausschusses im Deutschen Bundestag, jenem Kompetenzgremium also, das kurz vor der Fußballweltmeisterschaft die Deutschen vor Jürgen Klinsmann und seinen Methoden bewahren wollte.

Komplettiert wird die Anti-Doping-Front im deutschen Herbst 2006 aus bisher noch nicht verdächtigten Fahrerkollegen, Rennveranstaltern und TV-Sendern.

Am lautesten ruft Jens Voigt, der Seriensieger des Jahres 2006.

„Abartig diese Blutpanscherei" und „Werft sie alle auf den Scheiterhaufen"[58] lauten die ersten Kommentare des CSC-Profis nach Bekanntgabe der Suspendierung von Ullrich und anderen. Von einem „organisierten Verbrecher-Kartell" weiß schon gleich der GEROLSTEINER-Fahrer Markus Fothen zu berichten.[59]

Unweigerlich fühlt man sich an dunkelste Zeiten des Mittelalters erinnert. Dem inquisitorischen Wahn fielen nach unterschiedlichen Schätzungen zwischen drei und neun Millionen Menschen zum Opfer. Der Scheiterhaufen ist vor allem ein Symbol für wahnhafte Verfolgung und Hinrichtung völlig rechtloser Menschen.

Ohne sein Wollen hat Jens Voigt durch seine Wortwahl aber doch einen entscheidenden Fingerzeig gegeben im Hinblick auf dass, was am 30. Juni in Straßburg wirklich seinen Anfang nimmt.

Der Scheiterhaufen, der in Zeiten der Hexenverfolgung und Inquisition gar nicht mehr aufhören wollte zu brennen, zeichnete sich dadurch aus, dass die Verurteilten nicht etwa Opfer ihrer Schuld wurden, sondern rechtlose Opfer ihrer Ohnmacht. Bei der Hexenverfolgung und Inquisition ging es um Macht und Ohnmacht und hysterischen Wahn.

Der Ausgang eines Prozesses für die Opfer stand mit Eröffnung des „Verfahrens" immer schon fest. Die Beschuldigung oder in heutigen Worten „ein begründeter Verdacht" reichte aus. Der anschließende Gerichtsprozess mit der berühmt-berüchtigten Hexenprobe sorgte zuverlässig für das gewünschte Ergebnis.

Bekannte sich eine Beschuldigte zu ihrer Hexerei, wurde sie getötet. Bekannte sie sich nicht, wurde sie zum Beispiel gefesselt und mit Steinen beschwert in einen See oder einen Fluss geworfen. Kam sie wieder hoch – was dem Vernehmen nach nie passiert sein soll - war sie als Hexe überführt und wurde getötet. Tauchte sie nicht wieder aus dem Wasser auf und ertrank, erhielt sie ein feierliches Begräbnis.

Tot war sie in jedem Fall.[60]

Radsportlich „tot" sind nach Einführung des „Ethik-Codes" und der Beweispflicht des Beklagten ab sofort auch alle Radrennfahrer, sobald auch nur ein Verdacht gegen sie erhoben wird.

Und wie bei den Hexen gilt auch hier, dass alles was sie tun gegen sie spricht. Als Jan Ullrich sich nach der Suspendierung zurückzog und vor anwaltlicher Beratung nicht mehr zur Sache aussagen wollte, wurde sein Schweigen als Beweis seiner Schuld bewertet. Als er sich dann zu Wort meldete und jede Schuld bestritt, wurde dies, ähnlich wie bei Jörg Jacksche, als leugnen oder „Erzählung" diffamiert.

Das faktische Urteil lautete von Anfang an: schuldig! – ohne Verfahren und ohne Beweise.

Die *Frankfurter Allgemeine Zeitung* drückt dies so aus: „Papiere hin, Papiere her: wer stoppt den verdächtigten Fahrer?". GEROLSTEINER-Chef Hans-Michael Holczer sagt „Die lassen wir einfach nicht mehr fahren". Fritz Raff, ARD-Intendant des für Radsportübertragungen zuständigen Saarländischen Rundfunks, erklärt mit Blick auf Jan Ullrich und Ivan Basso, dass man solchen Leuten „keine Möglichkeit mehr geben darf, sich zu präsentieren."

„Es ist unsere Aufgabe dafür zu sorgen, dass Jan Ullrich und Ivan Basso nicht am Start unseres Rennens stehen" und im Falle rechtlicher Auseinandersetzungen „würden wir ziemlich weit, also bis zur Schmerzgrenze gehen", ist von Kai Rapp, dem Chef der Deutschland-Tour zu hören.

Alle diese Aussagen kommen einem Berufsverbot für die beklagten Fahrer gleich. Und alle diese Aussagen erfolgen noch im Jahr 2006, ohne dass Beweise vorgelegt und ein faires Verfahren mit eindeutigem Urteil stattgefunden hätten.

Kurze Zeit nach dem Statement von Kai Rapp, einen Start von Ullrich und Basso bei der Deutschland-Tour zukünftig verhindern zu wollen, stoppt die von unseren Gebühren mitfinanzierte ARD zuvor bekannt gewordene Überlegungen, die Deutschlandtour aus dem Programm zu nehmen. Das Ziel des lauten Nachdenkens war offensichtlich erreicht.

Wie hatte GEROLSTEINER-Chef Hans-Michael Holczer mit Blick auf die Zukunft des Radsports im Sommer gesagt? „Entscheidend wird sein, wie sich das Medium Fernsehen jetzt verhält."

Und in der Tat, für das Verhalten der Teams und Funktionäre im Fall Jan Ullrich scheint entscheidend gewesen zu sein, was das mit großen Werbegeldern von T-MOBILE gespeiste Medium Fernsehen wollte.

Von Überlegungen der ARD, Olympische Spiele, Wettbewerbe der Skilangläufer, Schwimmer oder Leichtathleten aus dem Programm zu nehmen angesichts zahlreicher Dopingfälle in diesen Sportarten, ist nichts bekannt. „Sollen wir etwa die Berichterstattung über den Sport einstellen, weil dort gedopt wird? Dann dürfen wir ja auch nicht über politische Kongresse oder die Wirtschaft berichten, weil es dort auch nicht immer sauber zugeht"[61] erklärt WDR-Intendant Fritz Pleitgen. Beim Radsport gilt diese Sicht der Dinge aber offensichtlich nicht.

Die DNA-Lüge

Was ist verwerflich an der Einführung einer verbindlichen DNA-Analyse?[62] Warum ist diese Forderung ungeheuerlich? Jan Ullrich bleibt keine andere Wahl. Mürbe geschrieben von den Medien und kaltgestellt von den Funktionären liefert der Rennfahrer schließlich eine Speichelprobe zum DNA-Abgleich. Ein Schritt, der aus seiner Sicht verständlich ist aber für die Allgemeinheit signalisiert, wie weit die Macht jener reicht die sich um Geist und Buchstaben unserer Gesetze nicht scheren.

Genetische Daten sind besondere Daten. Die Analyse einer DNA ist weit mehr als der Fingerabdruck einer Person.

Eine DNA-Analyse liefert zum Beispiel auch Informationen über die Eltern, die Geschwister und Kinder einer Person. Die Pflicht zum DNA-Test schließt also zugleich immer die Persönlichkeitsrechte von Personen ein, die mit dem Test beziehungsweise dem Testgrund nicht das Geringste zu tun haben. Deren Persönlichkeitsrechte würden im gegebenen Fall einfach zur Verfügungsmasse eines Sportverbandes erklärt werden. „Die Analyse selbst der nichtcodierenden Teile des Genoms ermöglicht Rückschlüsse auf Ethnie, Verwandschaftsverhältnisse, Geschlecht und bestimmte genetische Dispositionen"[63] erläutert Thilo Weichert, Leiter des Unabhängigen Landeszentrums für Datenschutz in Schleswig-Holstein. Und warnt: „Noch heikler ist die Ableitung psychischer Dispositionen, etwa zu sexueller Abnormität, Aggressivität oder Kleptomanie".[64]

Deshalb hat das Bundesverfassungsgericht Personenkennzeichen für verfassungswidrig erklärt. Kriminalistische Nützlichkeit genügt eben nicht als

Rechtfertigung. Eingriffe in das Persönlichkeitsrecht müssen immer verhältnismäßig sein. DNA-Tests, so Weichert, sind ja nicht etwa geeignet Kriminalität auszurotten. „Die DNA-Analyse ist aber wohl geeignet, die Beschuldigtenrechte im Strafverfahren auszurotten"![65]

Konkret: Wenn Jan Ullrich seine DNA liefert, haben die Empfänger der Probe auch Informationen über Ullrichs Brüder, Ullrichs Eltern und Ullrichs Kind.

Genetische Daten liefern unter Umständen Erkenntnisse, die wir vielleicht gar nicht wissen wollen. Wer durch eine Analyse seiner DNA zum Beispiel erfährt, dass er eine unheilbare Krankheit in sich trägt, muss fortan mit diesem Wissen leben. „Bei einem prädiktiven (vorhersagenden, Anm. d. Verf.) Gentest wird das Erbmaterial eines Gesunden daraufhin untersucht, ob er die Veranlagung für eine bestimmte Krankheit schon in sich trägt und daran später erkranken kann. Zu diesen prädiktiven Gentests zählen beispielsweise Tests auf Chorea Huntington, die erbliche Form des Brustkrebs (BRCA 1 und 2) und die erbliche Form von Morbus Alzheimer"[66] erläutert der Gesamtverband der Deutschen Versicherungswirtschaft GDV.

Aber es kann sein, dass eine betroffene Person den Ausbruch dieser Krankheit gar nie erlebt, weil sie zuvor aus einem anderen Grund stirbt. Das Leben mit dem Wissen um die angelegte tödliche Krankheit und die aus diesem Wissen entstandenen Sorgen und Ängste, sie waren umsonst.

Doch nicht nur dieses eher psychologische Argument spricht gegen eine DNA-Pflicht.

Sollte Ihre DNA zum Beispiel zeigen, dass Sie eine nicht therapierbare Krankheit in sich tragen, dann werden Sie zukünftig am Ende Ihrer Probezeit bei einem neuen Arbeitgeber vielleicht niemals ein festes Vertragsverhältnis angeboten bekommen. Und natürlich auch nicht Ihre Geschwister und ihre Kinder, wenn die sich irgendwann einmal beim selben Arbeitgeber bewerben. Denn das Praktische einer DNA-Analyse besteht ja unter anderem darin, dass sie mit den Informationen über den DNA-Spender selbst zugleich auch Informationen über dessen blutsverwandtes Umfeld liefert.

So ein bisschen ist eine DNA-Analyse wie eine Fruchtwasseruntersuchung während der Schwangerschaft, nur halt viel später. Beim Fruchtwassertest entscheidet eine werdende Mutter zum Beispiel darüber, ob sie ein Kind austrägt, obwohl der Test eine krankhafte Anlage belegt. Manche Frauen wollen nicht in diese Entscheidungssituation gebracht werden und lehnen den Test ab.

Beim DNA-Test könnte zukünftig ihr Arbeitgeber zum Beispiel entscheiden ob Sie selbst und Ihre Kinder jemals eine feste Anstellung erhalten obwohl ihre DNA krankheitsbedingte Ausfallrisiken belegt.

Vielleicht erleben wir ja noch, dass spätere Kindergeldzahlungen nur erfolgen, wenn die Antrag stellenden Eltern schon vor der Zeugung eine DNA-Unbedenklichkeitsbescheinigung vorgelegt hatten.

Ein Menschheitstraum würde endlich wahr: Es gäbe nur noch Gesunde.

Träger nichttherapierbarer Krankheiten, die bei der Fruchtwasseruntersuchung noch durchrutschten, weil die Eltern sie abgelehnt hatten, werden zumindest jetzt mit der DNA-Analyse erwischt.

Aber wo bleiben im gedachten Szenario die Rechte des Einzelnen? Kann eine solch weitreichende Entscheidung, wie die Einführung von DNA-Tests, Sache privater Sportverbände und gewinnorientierter Konzerne sein?

Muss in einer Demokratie der Umgang mit unserer DNA und anderer genetischer und biometrischer Daten nicht Sache der gewählten und abwählbaren Politiker sein? Was ist in diesem Zusammenhang Aufgabe der von uns gewählten und auf Zeit beauftragten Politiker? Müssen wir nicht alle im Rahmen demokratischer Regeln mit entscheiden können bei der Frage, ob wir wollen, dass andere über unsere DNA verfügen?

Kann es denn wirklich sein, dass ein paar hysterisch gewordene Radsportfunktionäre im Zusammenwirken mit einem Mega-Konzern abseits politischer Regelungen eine Parallelgesellschaft bauen, in der andere Rechte gelten?

Datenschützer warnen vor der Einführung des DNA-Tests. Andere europäische Länder haben sogar ein ausdrückliches Verbot beschlossen für das Sammeln von DNA-Daten beim Arbeitgeber. Und die Politiker in Deutschland wollen mehrheitlich zu Recht noch nicht einmal etwas wissen von einem DNA-Test für gewalttätige, kriminelle Hooligans.

Die von Radprofis geforderte Pflicht zum Test[67] steht dem Recht auf Nichtwissen, dem Recht, nicht genetisch getestet zu werden, gegenüber.

Für die Sportler ist der „freiwillig erzwungene" Verzicht auf das Recht auf Nichtwissen fatal. Eine erste Auswirkung ihres Handelns werden sie im Bereich der Privatversicherungen zu spüren bekommen. Im Unterschied zu allen Sozialversicherungen, die kraft Gesetz ohne Risikoprüfung entstehen, gilt für private Personenversicherungen, wie zum Beispiel eine Lebensversicherung, dass die Berechnung der zu zahlenden Prämien anhand einer Risikoprüfung erfolgt.

Schon heute werden Versicherungsnehmer vor Vertragsabschluß deshalb nach bekannten Erbkrankheiten in der Familie gefragt. Im Versicherungsantrag verlangt der

Versicherer die Mitteilung aller bekannten risikoerheblichen Umstände. Der Versicherungsnehmer hat kein Recht auf Verschweigen, im Gegenteil, er hat die Pflicht zur Mitteilung aller bekannten Risiken.

Mit anderen Worten: Wer auf sein Recht auf Nichtwissen erst einmal verzichtet hat, unterliegt bei Personenversicherungen ab sofort der Pflicht zur Mitteilung dieser zusätzlichen Erkenntnisse. Rechtsgrundlage dafür ist § 16 des Versicherungsgesetzes.[68] Radprofis die von ihren Teams zur DNA-Analyse genötigt werden, müssen anschließend mit den Folgen leben

Aber diese genetische Sippenhaft wird nicht auf ein paar Radprofis beschränkt bleiben können. Leichtathleten, Langläufer, Schwimmer, Handballer und Fußballer werden folgen, weil niemand begründen kann, weshalb Radprofis anders behandelt werden sollen als andere Profisportler.

Und von den Berufssportlern zu allen anderen Berufstätigen ist es dann nur noch ein kleiner letzter Schritt. Und auch der zieht schon am Horizont herauf. „Wenn zum Zweck der Daseinsabsicherung bei 10% der Bevölkerung Gentests zulässig wären und bei 90% nicht, dann wäre dies ein Verstoß gegen das Gerechtigkeitsprinzip"[69], warnt Jan P. Beckmann, emeritierter Philosophieprofessor der FU Hagen. Wenn schon für einige Wenige, dann bitte gleich für Alle!

Jan Beckmanns Position ist klar: „Der wirksamste Datenschutz besteht bekanntlich in der weitestgehenden Verhinderung der Datenerhebung. Bedenkt man, dass genetische Daten tief im Persönlichkeitsbereich eines Menschen verankert sind und bei mangelndem Schutz für das betroffene Individuum (und die mit ihm Verwandten) von großem Nachteil in den Bereichen persönlicher Lebensführung, Arbeitsmarkt und Versicherungswesen sein können, dann wird die Frage dringlich, ob man mit den herkömmlichen Methoden des Datenschutzes den Respekt vor dem autonomiebasierten

Selbstbestimmungsrecht des Einzelnen hinreichend sicherstellen kann. Die zunehmenden Vernetzungsmöglichkeiten im Datenbereich lassen einen wirksamen Schutz immer schwieriger erscheinen. Das Prinzip des Respekts des (gen-)informationellen Selbstbestimmungsrechts des Individuums lässt jedoch keine Abstriche zu. Es gilt mithin, die Zugangshürden zu individuellen Daten für dritte so hoch wie möglich zu halten."[70]

Andere Experten auf dem Gebiet des Datenschutzes, wie der Hamburger Hans-Joachim Menzel, forderten deshalb schon vor Jahren eine gesetzgeberische Linie nach dem Motto: „Meine DNA gehört mir!"[71]

Wer von dieser Linie abweicht, wer für Jan Ullrich, Ivan Basso und die anderen beschuldigten Radprofis einen DNA-Test fordert, wird ihn bald danach für sich selbst und seine Kinder bekommen!

Die von den Chefs der ProTour-Teams geforderte Einwilligung zur DNA-Analyse im Verdachtsfall führt dann auch gleich noch den von eben diesen Herren erklärten Ethik-Code ad absurdum.

Zu den höchstrangigen ethischen Prinzipien des westlichen Kulturkreises gehört der Respekt vor dem Einzelnen und dessen Autonomie und Unverfügbarkeit. Immer und überall gilt bisher noch Selbstbestimmung statt Fremdverfügung. Dieses Prinzip ist uns so wichtig, dass wir es sogar für Altersdemente, zeitweise Bewusstlose oder noch gar nicht Geborene während der Schwangerschaft hoch halten.[72]

Wer aber, wie die ProTour-Teams, den vorsorglichen DNA-Test für alle Radprofis zur Pflicht macht, stellt unsere bisherigen ethischen Prinzipien auf den Kopf: Fremdverfügung statt Unverfügbarkeit und Selbstbestimmung lautet dann die Konsequenz.

Im Namen der Ethik wird ein höchstrangiges ethisches Prinzip abgeschafft!

Die Forderung einer DNA-Analyse der Radprofis ist ungeheuerlich! Denn die DNA-Analyse ist gar kein Instrument zum Nachweis eines Dopingmissbrauchs.
Gerade weil unsere DNA keinen Veränderungen unterliegt, gerade weil sie nicht auf unseren Lebenswandel reagiert, ist sie ein nahezu 100% genaues Instrument zur Identifikation eines Individuums beziehungsweise zum Nachweis krankhafter Anlagen schon von Geburt an. Die DNA ist unser „Software-Programm" und nicht ein Datenspeicher auf dem alles abgelegt wird was früher oder später in unseren Körper hinein kommt. Doping lässt sich mittels einer DNA-Analyse definitiv nicht nachweisen.
Auch im Fall von Jan Ullrich und den anderen verdächtigten Fahrern lässt sich mittels einer DNA-Analyse allenfalls nachweisen, ob Blut von Ihnen in Beuteln jener spanischen Praxis enthalten ist. Ob behandeltes Blut in die Körper der Verdächtigten zurückgeführt wurde zeigt die DNA-Analyse nicht.
Aber gedopt ist derjenige, in dessen Körper Dopingmittel nachgewiesen werden, betont Walter Dury, Präsident am Oberlandesgericht Zweibrücken und Sachverständiger beim Sportausschuss des Deutschen Bundestages.[73] Und dieser Nachweis ist mittels DNA nicht zu leisten.
Dennoch sind einige Wenige mitten unter uns im Begriff diesen Geist zur Vernichtung hoher ethischer Prinzipien und Individualrechte aus seiner Flasche entweichen zu lassen. Und niemand weiß, wie wir ihn hernach wieder dorthin zurück befehlen können.

Fast beschwichtigend verweisen zwischenzeitlich manche darauf, im Falle der Radsportler ginge es ja nur um eine eingeschränkte Form einer DNA-Analyse. Aber das Beispiel der Datenspeicherung von Internetdaten zeigt einmal mehr, dass dem ersten Schritt in eine neue Richtung in aller Regel schon bald weitere Schritte folgen.

Ob die Beschneidung der Rechte Einzelner in einem großen oder in mehreren kleinen Schritten erfolgt, ist mit Blick auf das Ergebnis unerheblich: die Rechte sind weg.

Alles darf gedacht werden[74]

Angesichts dieser Fakten drängen sich ganz neue Fragen auf. Zum Beispiel diese:

Geht es bei der Frage des DNA-Tests für Radprofis am Ende gar nicht um Aufklärung in einem vermeintlichen Dopingfall?

Nutzen da umgekehrt einige wenige diesen angeblichen Dopingfall in Spanien als willkommene Gelegenheit um DNA-Tests salonfähig zu machen?

Als schrecklich naiv muss jedenfalls eine Einschätzung gelten, die glaubt, eine verpflichtend eingeführte DNA-Probe für ein paar Profisportler bliebe auf Dauer eine interne Regelung allein für den Radsport.

Denn die Gründe für eine eventuelle DNA-Pflicht sind ja in anderen gesellschaftlichen Problemfeldern weitaus gewichtiger als im Radsport. Von gewalttätigen Hooligans, Betrügern großen Stils bis hin zum Krankheitskosten verursachenden Beamten und Angestellten gilt, dass eine hinterlegte DNA den Gerichten und Arbeitgebern dieser Welt großen Nutzen brächte.

Wer den verbindlichen vorsorglichen DNA-Test für Radsportler fordert, wird schnell entdecken, dass er ihn für sich selbst und seine Verwandten nicht mehr ablehnen kann.

Die Einführung einer DNA-Pflicht im Sport ist nicht das Ende des Dopings – das am allerwenigsten! – sondern der Anfang der Auslese von uns allen!

Ob wir das wollen, darüber müssen wir reden und darüber müssen wir entscheiden, wir alle.

Pikant an der Idee Profiradsportler zum DNA-Test zu verpflichten, ist die Beobachtung, von wem dieser Vorschlag in die Diskussion eingebracht wurde. Luuc Eisenga, Sprecher von T-MOBILE, einem der großen Arbeitgeber im Land, nutzte gleich die erste Pressekonferenz zur Suspendierung von Jan Ullrich um diese Idee eines DNA-Tests zu lancieren.[75]

Wer soll zukünftig den DNA-Test durchführen? Wer wird unsere DNA in Verwahrung nehmen? Soll die DNA-Probe in Deutschland etwa von privaten Arbeitgebern verwahrt werden?

Wie erhält der Einzelne garantierte Sicherheiten, dass kein Missbrauch mit seiner DNA passiert?

Diese Fragen werden nicht gestellt, geschweige denn, dass wir eine Antwort darauf bekämen.

„Normalerweise müsste dieses Blut nach dem Test vernichtet werden" antwortet T-MOBILE Mannschaftsarzt Lothar Heinrich auf die Frage, ob denn nicht Blut sämtlicher Tour-Teilnehmer vorliege.

Warum sagt Lothar Heinrich „normalerweise"? Weiß er nicht definitiv, dass die Blutproben vernichtet wurden? Kontrollieren die Teams und ihre Ärzte nicht, was mit dem Blut der Fahrer passiert?

Wenn sogar der Mannschaftsarzt von T-MOBILE Zweifel daran hegt , dass die Bestimmungen über den Umgang mit dem Blut der Fahrer zu hundert Prozent korrekt beachtet werden, dann ist es unsinnig zu erwarten, Jan Ullrich wüsste genau, wo überall auf dieser Welt sein Blut ordnungsgemäß vernichtet oder aber heimlich gelagert wird.

Doping mit Eigenblut ist ja nicht nachgewiesen dadurch, dass in irgendeiner angeblich obskuren Arztpraxis Blut eines Fahrers gefunden wird. Weder nehmen sich die Fahrer bei den zahlreichen Untersuchungen und Kontrollen ihr Blut selbst ab, noch lagern oder bearbeiten sie anschließend das Blut. Eigenblutdoping kann nur nachgewiesen werden dadurch, dass behandeltes Blut in den Körper des Sportlers zurückgeführt wurde. Doping geschieht ja nicht durch das Geben von Blut sondern durch das Nehmen.

Genau dieser Nachweis ist laut Lothar Heinrich auch möglich.

Schon Anfang Juli 2006 weist der T-MOBILE Mannschaftsarzt darauf hin, dass über eine Blut-Volumen-Messung der Nachweis von Eigenblutdoping möglich sei. Warum tut man nicht alles um dieses Messverfahren bald möglichst einzuführen?

Vermutlich wird aber selbst dann, wenn Eigenbluttests eingeführt werden sollten keine Ruhe einkehren. „Diese Methode ist wissenschaftlich nicht zertifiziert. Das ist nur Wortgeklingel..." relativiert der von vielen als Doping-Experte geführte Heidelberger Molekularbiologe Werner Franke.

Und vermutlich hat er – wenigstens dieses eine Mal – Recht. Denn die wissenschaftlich bewiesenen Erkenntnisse von heute sind morgen doch meist nur die wissenschaftlich überholten Irrtümer von gestern.

Wirklich verrückt an der DNA-Forderung gegenüber Ullrich aber ist etwas ganz anderes.

Jan Ullrich und die mit ihm Verdächtigten können mit einer DNA-Probe buchstäblich nichts beweisen. Ganz egal wie das Ergebnis ausfiele, weder wäre hernach ihre Schuld noch ihre Unschuld bewiesen.

Wenn die DNA der Radfahrer nicht mit einem der in Spanien gefundenen Blutwerte übereinstimmt, bleibt ja eine Vielzahl anderer Dopingmöglichkeiten, wie zum Beispiel Fremdblutdoping, bestehen. Die Unschuld wäre nicht bewiesen. Genau auf diesen Zusammenhang weist der BDR selbst schon in einer Meldung vom 30. Juni hin.

Würde die DNA eines Fahrers mit einem der Blutwerte aber übereinstimmen, wäre erneut nichts bewiesen. Wir wüssten nicht wie das Blut nach Spanien gekommen ist, wir wüssten nicht wer es hingebracht hat, wir wüssten nicht, was damit geschehen sollte, wir wüssten nicht ob Jan Ullrich jemals von dort Blut zurückerhalten hat, wir wüssten vor allem nicht, ob Jan Ullrich selbst Kenntnis davon hatte, dass Blut von ihm in Spanien gelagert wird.

Es dürfte um ein Vielfaches einfacher sein Blut eines Rennfahrers zu entwenden und an irgendeinen Ort dieser Erde zu bringen, als zum Beispiel Dieter Baumanns Zahnpasta mit Dopingsubstanzen zu verseuchen. Und Interessierte an einem solchen Vorgang dürfte es genug geben.

Zum Ende der Tour de France standen Lance Armstrong, Ivan Basso, Jan Ullrich, Francisco Mancebo und Alexander Vinokourov auf den Plätzen eins bis fünf des Schlussklassements. Armstrong trat zur Tour 2006 nicht mehr an, die anderen vier Spitzenfahrer wurden allesamt aufgrund eines Verdachtes vom Tourstart ausgeschlossen. Nutznießer dieser Veränderungen gab es jedenfalls zuhauf.

Man stelle sich einmal vor, zu Beginn der Fußball-Bundesliga 2006/2007 hätten die fünf Erstplatzierten der vorangegangenen Saison 2005/2006 nicht antreten dürfen. Die derzeit gut platzierten Mannschaften von Schalke 04, Werder Bremen und Bayern München wären dann in der Saison 2006/2007 gar nicht mit dabei – die Meisterschaft wäre eine andere!

Jan Ullrich weiß über den jeweiligen Lagerungsort der ihm abgenommenen Blutproben vermutlich so viel wie jeder andere Mensch auch, nämlich nichts.

Oder wissen Sie, lieber Leser, wo Blutproben von Ihnen lagern?

Die geforderte DNA-Analyse kann buchstäblich nichts beweisen.

Der Ruf nach einer DNA-Probe der verdächtigten Fahrer ist bestenfalls eine hysterische Reaktion, schlimmstenfalls ein übles Spiel voller Lug und Trug!

Wem wir glauben

Zu allen Zeiten der Menschheitsgeschichte haben Menschen anderen Menschen geglaubt – und wiederum anderen nicht geglaubt. Jeder noch so kleine Kinderstreit konfrontiert uns mit der Frage, wem glauben wir wenn über einen Vorfall sich widersprechende Aussagen gemacht werden.

Jan Ullrich, Ivan Basso und Jörg Jacksche sagen, sie hätten mit den Anschuldigungen gegen sie nichts zu tun, sie seien Opfer falscher Verdächtigungen.

T-MOBILE, die Chefs der anderen ProTour-Teams, Funktionäre der Radsportszene und ein paar Polizisten der spanischen „Guardia Civil" behaupten das Gegenteil.

Wem glauben wir? Und warum neigen wir dazu der einen Seite eher zu glauben als der anderen? Etwa weil die Faktenlage eindeutig ist?

Leider nicht! Menschen glauben nicht den Fakten, Indizien und logischen Schlussfolgerungen. Menschen glauben der Macht, auch der Macht der Mehrheit!

Wer die Zeichen der Macht trägt oder die vermeintliche Macht der Mehrheit auf seiner Seite hat dem folgen wir.

In einem von Dr. Kanning beschrieben Experiment[76] wurden verschiedenen Personen zwei Bilder vorlegt. Auf dem einen Bild war eine 10 cm lange Linie. Auf dem zweiten Bild waren drei Linien. Sie waren 6 cm, 8 cm und 10 cm lang.

Die Frage welche der drei Linien auf dem zweiten Bild der Länge der Linie auf dem ersten Bild entspräche, beantworteten nur 0,7 % aller Teilnehmerinnen und Teilnehmer falsch. Alle anderen beantworteten die Frage richtig und sagten, dass die eine Linie auf dem ersten Bild der dritten Linie auf dem zweiten Bild entspricht.

Danach wurde das Experiment verändert: Jetzt sollten jeweils sieben Personen, die sich die beiden Bilder gemeinsam anschauten, nacheinander eine Einschätzung der Liniengrößen vornehmen. Die ersten sechs dieser sieben Personen waren aber Mitarbeiter des Versuchsleiters, die die Anweisung hatten, systematisch falsch zu antworten. Die siebte Person war nun die eigentliche Versuchsperson. Sie wusste von der Anordnung für die anderen natürlich nichts.

Durch die „falschen" Einschätzungen der anderen wurden die tatsächlichen Versuchspersonen so sehr verunsichert, dass fast 37 % von ihnen jetzt die Linien falsch einschätzten. Sie glaubten den Urteilen der anderen sogar mehr als den eigenen Augen!

Wir glauben nicht den Fakten, wir glauben der Mehrheit und der Macht. Wir schließen uns mit unserem Urteil mächtigen Autoritäten und Mehrheiten an. Die Fakten und Indizien sehen wir nicht einmal mehr wenn eine Mehrheit oder machtvolle Autoritäten gesprochen haben.

Zu den machtvollen Autoritäten zählen im Konfliktfall auch so genannte Augenzeugen. „Er hat es doch selbst miterlebt, mit eigenen Augen gesehen", lautet ein schier unumstößliches Argument zu deren Gunsten.

Aber die Wahrheit scheint auch hier ganz anders zu liegen.

Jurastudenten der Universität Kiel erlebten schon in den Anfangssemestern an sich selbst, wie wenig zuverlässig Aussagen von Zeugen eines Vorfalles im Zweifel sind.[77]

Nach Vorführung eines Filmes, so der Bericht einer Studentin, sollten die Studierenden Fragen zum Hergang eines gezeigten Auffahrunfalls beantworten.

Wie viele Fahrzeuge waren in den Unfall verwickelt? Welche Farbe hatten die Autos? Wie viele Personen saßen in den PKW? Waren es Männer oder Frauen? Nach dem Verlassen der Fahrzeuge: begutachteten die Unfallbeteiligten ihre Fahrzeuge zuerst von vorne oder von hinten? Sichtbare Schäden? Und so weiter...

Die verblüffende Erkenntnis der Studierenden: Sie hatten sich zwar eben erst gemeinsam denselben Film angesehen aber nicht dasselbe wahrgenommen. Nicht einmal bei der relativ leichten Frage nach der Farbe der beiden KFZ herrschte Einigkeit.

Berichte von Augenzeugen, von Menschen, die sagen „ich hab's doch selbst gesehen", sind leider noch nicht die Wahrheit.

Die Rolle der „Augenzeugen" nehmen im Fall Jan Ullrich & Co. gegenwärtige und ehemalige Insider der Radsportszene ein. Ihrem „sei nicht so naiv, natürlich sind die alle gedopt" vertrauen wir blind.

Wie weit die Macht von Autoritäten über den Einzelnen von uns reicht, zeigte schon der Sozialpsychologe Stanley Milgram mit seinen berühmt-berüchtigten Versuchen im Jahre 1952.[78]

Milgram wollte vor dem Hintergrund des Holocaust herausfinden, warum Menschen den Anordnungen anderer folgen, obwohl diese Anordnungen doch erkennbar Unmenschliches von ihnen verlangen.

Per Zeitungsannonce sucht man damals im US-Bundesstaat Connecticut Freiwillige für ein wissenschaftliches Experiment über Erinnerungsvermögen und Lernfähigkeit. Dass es sich dabei um einen Vorwand handelt, wissen die Teilnehmer nicht. In Wirklichkeit will man ja herausfinden inwieweit Menschen bereit sind sich einer Autorität zu unterwerfen.

Jeweils zwei Personen nehmen an einem Versuch teil. In einem manipulierten Losverfahren erhält ein Teilnehmer die Rolle eines Lehrers, der zweite, in das Experiment Eingeweihte, ist Mitarbeiter des Versuchsleiters. Er bekommt die Rolle eines Schülers.

Der Versuchsleiter erklärt nun den Test. Der Lehrer wird an einen Schockgenerator gesetzt auf dem sich dreißig Kippschalter befinden. Diese Schalter sind aufsteigend angeordnet und gehen von 15 Volt ("leichter Schock") über mittlerer und schwerer Schock bis zu einer Stärke von 450 Volt. Die Kippschalter sind mit Voltzahlen von 15 bis 450 Volt beschriftet.

Die Aufgabe des Lehrers besteht darin, jedes Mal, wenn der Schüler eine falsche Antwort gibt, die Schalter mit den sich steigernden Elektroschocks zu betätigen.

Der Schüler sitzt dabei im angrenzenden Raum auf einen Stuhl gefesselt. Die Elektroden werden angeschlossen und mit dem Generator verbunden.

Um sich ein Bild von den Wirkungen des Schockgenerators zu machen, hat der Lehrer zuvor probeweise selbst einen Elektroschock mit 15 Volt bekommen.

Nun beginnt das Experiment. Der Lehrer liest dem Schüler über Mikrophon die Aufgabe vor und dieser antwortet mal falsch und mal richtig. Immer bei falschen Antworten betätigt der Lehrer den nächsten Kippschalter.

Nach einer gewissen Zeit tut der Schüler so, als würde er die Elektroschocks tatsächlich spüren.

Beim fünften Schock angelangt (75 V), beginnt er zu stöhnen und zu klagen. Bei 150 Volt bittet der Schüler darum, das Experiment abzubrechen und bei 180 Volt schreit es, dass es den Schmerz nicht mehr aushalten könne. Nähert sich das Experiment dem Punkt, an dem der mit "Gefahr: Extremer Stromstoß" gekennzeichnete Knopf vom Lehrer betätigt werden muss, hört er das Opfer im Nebenraum an die Wand hämmern. Der Schüler fleht regelrecht darum, dass man ihn aus dem Nebenraum befreien möge.

Manche der Versuchspersonen fangen an zu schwitzen, manche zittern oder stottern plötzlich.

Entscheidend aber ist: Die meisten Test-Lehrer gehorchen den Anweisungen des als Wissenschaftler ausgewiesenen Versuchsleiters! Mehr als 62% gehen bis zum Ende der Skala von 450 Volt.

Milgrams Experiment wurde in der Folgezeit mehrfach in unterschiedlichen Ländern wiederholt und überall reagierten die Menschen ähnlich.

Die meisten Menschen sind unter entsprechenden Umständen bereit der vermeintlichen Mehrheit oder einer so genannten Autorität sogar dann zu folgen, wenn diese von ihnen Dinge verlangt die völlig gegen ihre Überzeugungen sind.

Für den vorliegenden Fall der verdächtigten Radfahrer heißt dies, dass die Autorität der anklagenden Funktionäre eines Milliardenkonzerns und eines Verbandes eben noch längst keine Beweise sind für die Schuld der Beklagten.

Genauso wenig wie die mehrheitlich daherkommende Öffentliche Meinung Beweis einer Schuld ist. Mehrheiten können irren, vor allem dann, wenn ihre Meinung das Ergebnis einer einheitlichen Informationsberieselung ist.

Dabei wissen wir noch nicht einmal, was denn wirklich die Meinung der Mehrheit ist. Nicht nur in unserem politischen System ist es längst so, dass mehrheitlich gewählte Politiker in Wirklichkeit oft nur eine Minderheit der Stimmen auf sich vereinen konnten. Die Mehrheit wählt nicht, die Mehrheit bleibt zuhause, die Mehrheit schweigt.

Die Mehrheit glaubt, dass das was eine Minderheit Tag für Tag lautstark verkündet, die Meinung der Mehrheit sei. Und manches Mal, so belegte die Altmeisterin der

Meinungsforscher, Elisabeth Noelle-Neumann, schon vor vielen Jahren, wird durch die fatale Wirkung dieser „Schweigespirale"[79] aus einer Minderheitsmeinung fälschlicherweise tatsächlich die Mehrheitsmeinung.

Was wir als Mehrheitsmeinung wahrnehmen ist in erster Linie die medial veröffentlichte Meinung. Und die ist nicht neutral.

Als Sabine Christiansen in der ARD zur Talkrunde zum Thema Doping[80] einlud, waren zwar die Ankläger Rudolf Scharping und Werner Franke mit dabei. Einen Vertreter der Beklagtenseite jedoch suchte man in der Runde vergeblich.

Britta Bannenberg, jene umtriebige Schutzpatronin von T-MOBILE, taucht mit ihrer absurden Klage gegen Jan Ullrich und den anschließenden Aktivitäten der Strafverfolgungsbehörden gleich in sieben Meldungen der Website des BDR auf.

Die Suche nach den Begriffen „vote-for-ulle.de" und „freie-fahrt-fuer-ulle.de" im News-Archiv des BDR führt dagegen zu keinem Treffer.[81]

Nicht mit falschen Behauptungen wird heute Unwahrheit verbreitet sondern mit Weglassungen. Beispiel gefällig?

In den Folgetagen des 08. Januar 2007 melden manche Medien: „Der Überraschungscoup des Bonner T-MOBILE Teams mit der Verpflichtung des Spaniers Alejandro Valverde als neuem Kapitän und Nachfolger von Jan Ullrich ist misslungen. Valverdes Team CAISSE D´EPARGNE dementierte eine Vertragsauflösung mit dem Star, der in Spanien noch einen Kontrakt bis 2007 besitzt. T-MOBILE bestätigte das Interesse an dem Gesamtsieger der ProTour-Serie 2006."

Einen Tag später meldeten dieselben Medien. "Der spanische Radprofi Alejandro Valverde ist von einer Zeitung mit dem Dopingskandal um den Arzt Eufemiano Fuentes in

Verbindung gebracht worden. Ermittler entdeckten den Namen des Fahrers in den Unterlagen des Arztes." Es wird der falsche Eindruck erweckt, T-MOBILE hätte die beabsichtigte Verpflichtung von Valverde wegen diesen angeblich neuen Gerüchten aufgegeben.

Tatsächlich aber ist seit Mai 2006 bekannt, dass Valverde ebenfalls zu den verdächtigten Profis gehört. T-MOBILE hat also in vollem Wissen um diesen Umstand mit einem Fahrer verhandelt, dem exakt die gleichen Vorwürfe gemacht werden wie Jan Ullrich. Dieser Sachverhalt wird den Leserinnen und Lesern vorenthalten.

Als Anfang Januar Rolf Aldag von *SPORTBILD* und *ZDF* zum Fortgang der Doping-Affäre befragt wird, ersparen beide Journalisten dem neuen T-MOBILE Teamchef Fragen zu den Verhandlungen mit dem dopingverdächtigen Spanier. Aber eine Wahrheitswidrige Information durch Nichtberichten wesentlicher Teile ist nicht strafbar.

Was wir seit jenem 30. Juni in Straßburg über die angebliche Dopingschuld von Jan Ullrich, Ivan Basso und Jörg Jacksche zu lesen bekommen, scheint bei näherer Hinsicht kaum mehr als die Meinung von gerade einmal einem knappen Dutzend Menschen zu sein, die sich allem Anschein nach aus einer einzigen Informationsquelle informieren, einem Fax der „Guardia Civil".

Rückschau

Blicken wir zurück. Jahrelang teilen uns die Medien und Funktionäre mit, Jan Ullrich sei zwar ein Jahrhunderttalent, leider aber fehle ihm jenes Maß an Selbständigkeit und unbedingter Siegesgeilheit, die zum Beispiel einen Lance Armstrong auszeichneten. Noch im Dezember 2006 schreibt Sylvia Schenk in Erinnerung an ein Gespräch mit Ullrich über dessen Party-Drogenmissbrauch: „Da steht er neben mir, der ungelenke, so entsetzlich hilflose Multimillionär und weiß keine Antwort. Auf meine Frage nicht und auch nicht auf sein Leben. Das hatten immer andere bestimmt und er war Rad gefahren. Ich kann nur Rad fahren, sagt er schließlich,…“.[82] Sogar einen eigenen Begriff erfinden die Medienleute für dieses rundum Sorglos-Paket, mit dem Jan Ullrich bei T-MOBILE geführt wird: Das „Babysitter-System“ ist erfunden.

Sicher, auch unselbständige und fremdbestimmte Menschen können betrügen. Aber dass ausgerechnet dieser angeblich so total fremdbestimmte Jan Ullrich über Jahre hinweg sein komplettes, hochprofessionelles Umfeld getäuscht hat wie die Medien jetzt behaupten ist nicht glaubhaft.

Jetzt plötzlich hüpfen alle davon, keiner hat je was bemerkt. Nicht der Teamchef, nicht die Funktionäre des Sponsors, nicht die Teamkollegen und schon gar nicht der Teamarzt.

Dr. Lothar Heinrich äußert sich gegenüber der *Stuttgarter Zeitung* von Jan Ullrich enttäuscht angesichts dessen, dass dieser ihn getäuscht habe. Und man wundert sich über die Fähigkeiten des medizinisch nicht gebildeten Radfahrers, der sogar seinen Arzt hintergehen kann.

Auch während der Tour de France, mitten drin im Fahrertross, ununterbrochen umgeben von Fans, Betreuern,

Journalisten und Teamkollegen, soll sich Ullrich im Sommer 2005 sechs Tage lang einen wahren Doping-Cocktail täglich verabreicht haben – und keiner hat was mitbekommen? Welch wundersame Wandlung. Der unselbständige und auf Schritt und Tritt von den Kameras dieser Welt verfolgte Radfahrer zieht geschickt im Verborgenen die Fäden im weltweit organisierten Dopingverbrecherkartell und die Profis aus dem Umfeld offenbaren sich als die eigentlichen Dilettanten. Dr. Jekyll & Mister Hyde sind also doch nicht tot?

Zumindest für den Dilettantismus des vormals sich selbst so professionell darstellenden Umfeldes von Jan Ullrich spricht tatsächlich einiges. Kaum hatte man Jan Ullrich suspendiert, wollen die verdutzten T-MOBILE Funktionäre nach eigenem Bekunden erst erfahren haben, dass fast ein halbes Dutzend ihrer Profis mit dem angeblich übel beleumundeten italienischen Trainingsanalytiker Luigi Cecchini zusammenarbeitet.[83]

Abgesehen davon, dass Cecchinis Hauptvergehen, folgt man den Medienberichten, darin zu bestehen scheint, dass er einen anderen italienischen Trainingsplaner, den Mediziner Michele Ferrari, gut kennt, staunt man über dieses umfassende Nichtwissen der Magenta-Verantwortlichen.

Während sich Fußballtrainer selbst unterklassiger Amateurvereine gemeinhin sogar das Geburtsdatum der Freundin eines Spielers notieren um diesem am fraglichen Tag etwas großzügiger entgegenzukommen, wissen also die Verantwortlichen eines hochprofessionellen und mit zig Millionen Euro finanzierten Radprofiteams nicht einmal, wer die Trainingsarbeit ihrer Profis steuert. Dabei dreht sich doch gerade bei Ausdauersportlern nahezu alles um ein richtig dosiertes und klug aufgebautes Training.

Der wiederkehrende Vorwurf der Unprofessionalität gegenüber Jan Ullrich verdankt sich offensichtlich einer klassischen Projektion: Die amateurhafte Unfähigkeit der T-MOBILE Funktionäre spiegelt sich in ihrem Vorzeigeangestellten und wird an diesem kritisiert.

Einmal mehr gilt: Wer mit dem ausgestreckten Finger auf den anderen zeigt sollte bedenken, dass dabei zugleich drei andere Finger derselben Hand auf ihn selbst zurück weisen.

Nicht, dass ein Radprofi dopt, ist unglaubhaft. Aber, dass die „Babysitter", die Teamleiter Walter Godefroot und Olaf Ludwig, die Funktionäre des Sponsors Christian Frommert und Luuc Eisenga, der Teamarzt Dr. Lothar Heinrich und die schon „erwachsenen Geschwister" Rolf Aldag und Erik Zabel nichts mitbekommen wenn „der Kleine" im Bettchen nebenan immer und immer wieder die falsche Flasche greift, sprengt jede Vorstellungskraft.

Von Kontrolleuren und Strafverfolgern

Wenig Vertrauen erweckend operieren die Doping-Kontrolleure selbst. Immer wieder betonen in diesen Tagen die Anti-Doping Kämpfer, das Kontrollnetz sei nicht engmaschig genug, zu viele Sportler würden den Kontrolleuren entwischen. In diesem Sommer hatten sie zumindest dreimal Erfolg. Zuerst wird Floyd Landis, Gewinner der Tour de France 2006 des Dopings überführt, dann überführt man den spanischen Profi Inigo Landaluz und schließlich geht der deutsche Radcross-Fahrer Johannes Sickmüller den Fahndern ins Netz.

Aber die Freude über ihre Fahndungserfolge bleibt den Kontrolleuren nur kurze Zeit. Bei allen drei positiven Dopingfunden machen die Kontrolleure so gravierende Fehler, dass trotz positiver Testergebnisse eine Bestrafung der Fahrer derzeit nicht möglich ist!

Bei Toursieger Floyd Landis waren sowohl die A-Probe als auch die B-Probe positiv auf Doping getestet worden. Eigentlich eine klare Sache möchte man meinen.

Aber Floyd Landis ist auch Monate nach den positiven Testergebnissen noch immer offizieller Tour-Sieger 2006! Die Anwälte von Landis konnten nämlich nachweisen, dass bei der Zeichnung der Dopingproben von Landis Fehler unterlaufen waren. Das zuständige Labor hatte sich bei den Ziffern vertan!

Einen späten Sieg erzielte auch der 2005 positiv getestete Spanier Inigo Landaluze. Dem Profi war Missbrauch des männlichen Hormons Testosteron nachgewiesen worden.

Aber weil bei Abnahme der A- und B-Probe Regelwidrigkeiten unterliefen, musste der positiv getestete Fahrer wegen Verfahrensfehler freigesprochen werden.

Es handelte sich übrigens um dasselbe Labor wie im Fall von Floyd Landis.

Im Herbst 2006 wurde die bundesdeutsche Radszene plötzlich von einem Dopingverdacht gegen den Cross-Fahrer Johannes Sickmüller aufgeschreckt.

Doch auch hier wiederholte sich die skandalöse Schlamperei bei Kontrollbehörden.

Der Verband muss sich schließlich entschuldigen dafür, dass bei der Einteilung des zuständigen Kontrolleurs „durch die Verkettung unglücklicher Umstände" einiges schief lief. Und den Vogel abgeschossen hat man wohl mit folgendem Eingeständnis: „Nach Prüfung aller Unterlagen haben NADA (Nationale Anti-Doping Agentur; Anm. des Verfassers) und der BDR feststellen müssen, dass der BDR in seiner der NADA im Februar 2006 übermittelten Liste seiner Kaderathleten Johannes Sickmüller eine falsche Telefonnummer zugeordnet hatte. Diese fälschlicherweise Sickmüller zugeordnete Telefonnummer gehört in Wirklichkeit dem Mountainbike-Fahrer Karl Platt." Ergebnis dieses Fehlers war, dass Sickmüller zu Unrecht der Vorwurf gemacht wurde, er hätte sich einer Dopingkontrolle, die ihm doch telefonisch mitgeteilt worden war, entzogen.[84]

Diese großzügige Arbeitsweise in einem für den Radsport insgesamt und betroffene Fahrer so existentiellen Bereich hat durchaus Tradition. Prominentes Beispiel der letzten Jahre ist der amerikanische Olympiasieger 2004, Tyler Hamilton.

Hamilton war als erstem Radprofi Blutdoping nachgewiesen worden. Sein Vergehen datiert vom September 2004 bei der Spanien-Rundfahrt. Kurz danach wurde auch seine positive Analyse von den Olympischen Spielen in Athen bekannt. Wegen falscher Lagerung war die zur Verurteilung nötige B-Probe allerdings nicht mehr für eine Analyse zu gebrauchen.

Ergebnis: Der in der A-Probe positiv getestete Tyler Hamilton darf seine Goldmedaille behalten.

Weil die Kontrollbehörden versagen, bleiben Fahrer straffrei, behalten ihre Siege, Prämien und Medaillen, obwohl sie positiv Getestete sind.

Jan Ullrich & Co. aber werden mit einem faktischen Berufsverbot belegt und öffentlich an den Pranger gestellt, obwohl gegen sie keine Dopingbeweise vorliegen.

Doch nicht nur die Doping-Kontrollbehörden verdienen eine kritische Betrachtung.

Alles, was im Fall Ullrich die Öffentlichkeit, die Teams, Funktionäre und Medienfachleute wissen kommt letztlich wohl aus ein und derselben Quelle, einem Bericht der spanischen Guardia Civil. Das Vorgehen dieser spanischen Untersuchungsbehörde sorgt gelinde gesagt für Irritationen nicht nur in Spanien. Die Art der Unterlagen, mal ohne Unterschrift und Stempel, mal unvollständig, zur Veröffentlichung nicht freigegeben, berechtigt jedenfalls zu kritischen Rückfragen.

Die spanische Guardia Civil war nach Medienberichten einst eine berüchtigte Handlangertruppe des Franco-Faschismus. Auch in späteren Jahren war sie immer wieder äußerst umstritten. Ob ausgerechnet die Guardia Civil als objektiv und rechtsstaatlich operierend gelten darf, ist jedenfalls mancher Nachfrage wert.[85]

Die ominöse Liste der Guardia Civil umfasst insgesamt 200 Namen von Patienten des Mediziners Dr. Fuentes. Schon im Mai 2006 während des Giro d'Italia sprechen Medien davon, einige der Codenamen auf dieser Liste seien Ivan Basso und Jan Ullrich zuzuordnen. Später hören wir, dass insgesamt 58 Codenamen einzelnen Radsportlern zugeordnet werden können. Am 30. Juni ist man in der Lage den ProTour-Teams ein Fax zu schicken, das die angebliche Identität einzelner Rennfahrer als Fuentes-Patienten belegen soll.

Was ist mit den restlichen 142 Namen auf der Liste?

Gerüchteweise werden immer mal wieder auch Fußballer und Leichtathleten als Verdächtige gehandelt. Aber merkwürdigerweise scheint die Enttarnung von Radfahrern ganz einfach und die von Fußballern und Leichtathleten unglaublich schwer zu sein. Gibt es dafür verstehbare Gründe? Sie stehen doch alle auf derselben Liste? Wie stellt man überhaupt fest, dass ein Codename einem Fußballer oder Leichtathleten gehört obwohl man diesen Codename gar keiner Person eindeutig zuordnen kann?

Am 29. November 2006 muss ein Leutnant der Guardia Civil zum Verhör bei der Ermittlungsrichterin Maria Alvarez antreten. Hintergrund ist der Vorwurf, die unerlaubt weiter gegebenen Unterlagen im Dopingfall Ullrich und Co. seien verfälscht worden.[86]

Wer die Wahrheit sucht, kann sicher nicht einfach nur in ein paar Papiere der Guardia Civil schauen in der Annahme sie dort zu finden

Dass Professor Werner Franke bei seiner Wahrheitssuche so oberflächlich und unkritisch vorgeht und als Beleg seiner totalen Verurteilung einfach nur einen Bericht der Guardia Civil heranzieht, muss jeden Wissenschaftler schmerzen.

„Dieses Verfahren ist nicht zertifiziert" hält Werner Franke dem T-MOBILE Arzt Lothar Heinrich und dessen Hinweis auf eine Blutvolumenmessung entgegen. Nur zu gerne wüsste man, ob Werner Franke seine öffentlichen Verurteilungen auf der Basis von Faxnachrichten der „Guardia Civil" für ein „zertifiziertes Verfahren" hält.

Und schließlich muss speziell im Fall von Jan Ullrich auch noch ein Blick auf die Bonner Staatsanwaltschaft geworfen werden. Sie ermittelt gegen Ullrich seit jener ominösen

Anzeige von Frau Bannenberg. Dass Frau Bannenberg das Recht zu dieser Anzeige hat, ist unbestritten. Welches Interesse Frau Bannenberg hierbei aber verfolgt, ist hingegen nicht klar.

Als vor wenigen Jahren die Bonner Staatsanwaltschaft wegen des Verdachts einer Falschbewertung von Telekom-Immobilien und Bilanzfälschung ermittelte, stand plötzlich der damalige Finanzvorstand Joachim Kröske buchstäblich im Regen. „Ich hätte nicht gedacht, dass ein Staatsanwalt in einem Rechtsstaat wie Deutschland derart gegen die Gesetze verstoßen kann" fasste Kröske gegenüber dem *HANDELSBLATT* seine Erfahrungen zusammen.[87]

Der Vorwurf des Ex-Telekom Mitarbeiters bestand unter anderem darin, die Staatsanwaltschaft habe Akteninhalte verfälscht und Zeugenaussagen verkürzt. Kröske hat schließlich eine Amtshaftungsklage gegen das Land Nordrhein-Westfalen, dem die Bonner Staatsanwaltschaft untersteht, eingereicht.

Auch bei den Ermittlungen der Bonner Staatsanwaltschaft im Fall Jan Ullrich wird nun wieder Kritik laut an der Vorgehensweise der Bonner Behörde. Nicht nur juristische Laien fragen sich, weshalb eine Staatsanwaltschaft weiter ermittelt, wenn der angebliche „Betrüger" Jan Ullrich und der angeblich „geschädigte Arbeitgeber" T-MOBILE sich doch längst in gegenseitigem Einvernehmen getrennt haben.

Die Antwort auf diese Frage hat Fred Apostel von der Bonner Staatsanwaltschaft aber vielleicht gegenüber dpa schon gegeben. Jan Ullrich könne laut Apostel gegen den DNA-Abgleich vorgehen und zum Beispiel die Weitergabe einer Speichelprobe an die Staatsanwaltschaft untersagen. Aber wenn dann das Gericht seinerseits auf dem Abgleich der Proben bestünde und Ullrich auch dagegen Berufung einlegen sollte, könnte das Verfahren „im schlimmsten Fall zwei Jahre dauern".[88]

Und damit diese Frist ja nicht allzu schnell anläuft, warten die Fahnder noch mit einer weiteren Überraschung auf. Die Madrider Zeitung *El Pais* berichtet Mitte Januar 2007, dass das offizielle Doping-Labor vorerst keine weiteren Blutkonserven von Radprofis mehr analysieren werde. Die Justiz habe noch immer nicht den offenen Betrag von 25.000 € aus dem Vorjahr beglichen. Erst wenn diese Schulden beglichen seien, wolle das Labor weitere Analysen durchführen. [89]

Spätestens dann, so verstehen wir, wäre das Ziel der Ullrich-Jäger erreicht. Jan Ullrich würde nie mehr bei einem ProTour-Rennen starten! Denn selbst wenn Ullrich am Ende dieser zwei Jahre frei gesprochen werden sollte, wäre die Karriere des inzwischen in die Jahre gekommenen Radprofis natürlich beendet. Wenn man den Rennfahrern schon nichts beweisen kann, dann kann man sie eben so lange aufs Wartegleis stellen, dass das gewünschte Ziel auf diese Weise erreicht wird.

Tage nachdem Jan Ullrich die angeblich alles entscheidende DNA-Probe geliefert hat überrascht die Bonner Staatsanwaltschaft mit folgender Bemerkung: „Wann das passiert steht in den Sternen"[90] beantwortet ein Sprecher der Behörde die Frage danach, wann den nun endlich der DNA-Abgleich erfolgen würde. Fazit: Ullrich, Jaksche und Co. sollen schlicht „ausgesessen" werden sollen.

Das Recht auf ein faires Verfahren innerhalb angemessener Frist, wie es die Europäische Menschenrechtskonvention in Artikel 6 ebenfalls vorschreibt, wäre dann eben zusammen mit dem Recht auf die Unschuldsvermutung gleich auch noch unter den Tisch gefallen.

Non, Sire!

Was werden eigentlich die Fahrer tun, wenn sie erst realisiert haben, dass dieses „Ethik-Code" genannte Ermächtigungsgesetz der ProTour-Teams sie alle zu rechtlosen Leibeigenen ihrer Teamchefs und der Rennveranstalter macht?

Derzeit sind es nur wenige Radprofis, die die Tragweite des Vorgangs für jeden Einzelnen von ihnen zu begreifen scheinen und sich offen dazu äußern. Aber ein Beschluss der Vereinigung der Radprofis CPA vom Januar 2007 zeigt, dass die schweigende Mehrheit unter den Fahrern nicht hinter den Machenschaften der Teamchefs steht. Die CPA klagt vor dem spanischen Obersten Gericht gegen den so genannten „Ethik-Code" der ProTour-Teams, weil dieser die Arbeitsrechte der Profis verletze und Sanktionen schon bei bloßem Verdacht in Kraft träten.[91]

Werden die Profis demnächst am Start eines Rennens einfach stehen bleiben, wenn andere Fahrer nicht starten dürfen, nur weil ein Verdacht gegen sie geäußert wurde?

Ähnliche Verweigerung der Fahrer hat es in der Vergangenheit schon in vergleichsweise unbedeutenderen Vorgängen gegeben. Dieses Mal stehen die Rechte der Profis gegenüber ihren Arbeitgebern in grundsätzlicher Weise zur Disposition. Manche Anzeichen sprechen dafür, dass die Rennfahrer ihrer systematischen Verdächtigung und völligen Entrechtung nicht mehr weiter zusehen wollen.

Die Macht der Teamchefs und Rennveranstalter würde in Windeseile auf ein „Restmächtchen" zusammenschrumpfen.

Und noch in einem weiteren Fall dürften die Veranstalter und Teamchefs die Rechnung buchstäblich ohne den Wirt gemacht haben.

Große Rundfahrten wie die Tour de France, aber auch die Deutschlandtour, sind Volksfeste, die sich über Tage und Wochen über ganze Regionen und Länder erstrecken. Viele Menschen begleiten das Rennen über mehrere Tage. Die Atmosphäre entlang der Strecke hinauf nach Alpe d'Huez, zum Mont Ventoux oder auf den Tourmalet sind Radsportgeschichte. Zur Choreografie eines Radrennens gehören die Zuschauer und ihre Begeisterung, wenn sie dicht gedrängt nur eine schmale Gasse frei lassen für die anstürmenden Radprofis. Die Zuschauer entscheiden letztlich über den Wert der Veranstaltung.

Eine Trennung von Zuschauern und Sportler, wie in großen Stadien oder Hallen, ist im Radsport nicht möglich. Dies macht den besonderen Reiz von Radrennen aus, begründet aber auch ihre besondere Verletzlichkeit.

Werden die Zuschauer im Sommer 2007 die Gasse frei lassen?

Mit ohnmächtiger Wut reagieren einige auf den in ihren Augen klaren Rechtsbruch der Teamchefs und Veranstalter. Längst diskutieren manche die Frage, ob sie die Ausreißer noch ins Ziel lassen wenn andere entgegen der Rechtslage nicht einmal an den Start dürfen. „Wenn die den Ullrich und den Jaksche nicht mitfahren lassen obwohl sie gar nicht verurteilt sind dann kommt der Voigt nicht ins Ziel"[92] erregt sich ein Fan nach den Ausschlussankündigungen von Kai Rapp.

Aber anstatt diese dramatische Gefahr für einen korrekten Ablauf der Rundfahrten auch nur zur Kenntnis zu nehmen, gießen manche immer weiter Öl ins Feuer. Deutschlandtourchef Kai Rapp kündigt ungeniert an, alles zu tun, um einen Start von Basso und Ullrich selbst dann zu verhindern, wenn kein juristischer Schuldspruch gegen die beiden vorliegt. Und Tour de France Chef Christian Prudhomme nimmt dieselbe Haltung ein. Er erklärt im Januar 2007 frei nach dem Motto „l'état c'est moi"[93] – ich bin der

Staat bzw. das Gesetz –, dass kein verdächtigter Fahrer bei der Tour 2007 starten dürfe. Ohne Hemmungen werden sogar Wiederholungen der zeitlichen Abläufe vor der Tour de France 2006 angedeutet. Man werde Fakten schaffen und missliebige Fahrer eben einfach erst unmittelbar vor dem Start ausschließen, so dass diesen für einen Einspruch gar keine Zeit mehr bleibt.[94]

Unverhohlener wurde die Bereitschaft Radprofis um ihre Rechte zu bringen kaum jemals zuvor öffentlich gemacht.

Dass die Fahrer und Zuschauer in diesem Szenario still halten und mitspielen, wie Kai Rapp und Christian Prudhomme offensichtlich annehmen, könnte sich als geistiger Supergau erweisen. Bisher waren es Bauern und andere, die die Publicity der Tour de France für ihre Interessen missbrauchten. Sie konnten meist schnell beruhigt werden, so dass die Störungen der Rennen begrenzt blieben. Bald könnten es aber die Radsportfans selbst sein, die sich weigern ein Rennen mitzugestalten, das von einer Hand voll sich allmächtig dünkender Funktionäre zur Farce gemacht wurde. Vielleicht erleben wir ja, dass den neuen Sonnenkönigen Rapp und Prudhomme schon bald ein lautes „Non, Sire!" – Nein, mein Herr! – entgegenschallt.

Wenn die Fans im Sommer 2007 die Gasse hinauf zum Plateau-de-Beille in den Pyrenäen oder auf den Rettenbachferner in den Alpen nicht frei geben, weil sie im Handeln der Rennveranstalter und Teamfunktionäre eine ungesetzliche Wettbewerbsverzerrung sehen, dann haben Prudhomme und Rapp den Radsport zerstört.

Doping ist Sportbetrug. Ein unrechtmäßiges Startverbot für einzelne Fahrer ist aber ebenfalls Sportbetrug. Die Zuschauer wollen weder auf die eine noch auf die ander Art betrogen werden.

Manche mögen meinen all dies habe mit ihnen, ihrem Leben und Arbeiten nichts zu tun. Auch das könnte ein schlimmer Irrtum sein. Die scheinbar so unbeteiligte, radsportferne Öffentlichkeit wird vielleicht schon bald sehen, dass Vorgänge im Profisport mehr sind, als eine gesellschaftliche Randerscheinung. Daran, dass der Sport ein Terrain für das Engagement von Konzernen ist, haben wir uns gewöhnt. Aber dass Konzerne über ihr Engagement im Sport und anderswo die Regeln unserer Gesellschaft ändern, ist so noch kein Alltagsthema.

Der menschlich dürftige Umgang mit dem „Spielermaterial" ist längst zum Vorbild geworden für den Umgang mit Mitarbeiterinnen und Mitarbeitern in manchen Konzernen überhaupt. Bilanzpressekonferenzen, in denen die neuesten Gewinne zusammen mit der nächsten Entlassungswelle bekannt gegeben werden, rufen keinen Proteststurm mehr hervor. Wir haben uns schon daran gewöhnt.

Immer häufiger hören wir, dass Konzerne nicht einfach nur als Sponsoren Vereine und Einrichtungen unterstützen, sondern sich selbst zum Besitzer eines Vereins machen. Selbst staatliche Einrichtungen geraten dabei mehr und mehr in das Blickfeld großer Konzerne.

Vor allem die Entwicklungen im Bildungsbereich sind hier zu beobachten. Sinnvolle und wünschenswerte Kooperationsprojekte von „Schule/Hochschule und Wirtschaft" basieren auf der selbstverständlichen Annahme, dass unsere staatlichen Gesetze und Werte für alle Beteiligten auch dann Gültigkeit haben, wenn der Staat ein Stück Verantwortung abgibt. Konzerne und Manager die den gemeinsamen Boden von Gesetz und Werteordnung aber verlassen, müssen gestoppt werden.

„Manager die gar keine Unternehmer mit eigenem unternehmerischem Risiko sind prägen heute das Bild des

Unternehmers in der Öffentlichkeit", kommentiert frustriert ein Vertreter der Wirtschaftsjunioren[95] das Gebaren der Großkonzerne und ihrer Führungskräfte. Und er macht deutlich, dass alle darunter zu leiden haben, wenn die Großen der Welt sich nicht mehr an Recht, Gesetz und gute Sitten halten.

Blick in die Kristallkugel

Welche Zukunft droht uns und dem Radsport? Sorgen T-MOBILE, der BDR, Rudolf Scharping, Hans-Michael Holczer und die Veranstalter Kai Rapp und Christian Prudhomme dafür, dass im Radsport demnächst Verhältnisse einziehen wie wir sie vom Boxen her kennen? Dort existieren seit langem gleich mehrere Weltverbände, die alle ihren eigenen Titelträger küren.

Eines ist nicht von der Hand zu weisen: Je weiter sich die Anti-Doping-Krieger von rechtsstaatlichen Prinzipien entfernen, um so eher werden wir die Spaltung des Radsportverbandes erleben.

Aber vielleicht sieht die Zukunft auch ganz anders aus. Vielleicht bietet sie uns eine banale Fortsetzung der unendlichen Geschichte der Heuchelei.

Die sähe dann vielleicht so aus:

Der große Radsport feiert sich für einen Moment noch selbst angesichts seiner konsequenten Haltung im Fall Jan Ullrich & Co.

T-MOBILE geht in die Geschichte ein als jenes Unternehmen, das ohne Rücksicht auf eigene Interessen seinen Vorzeigestar in die Wüste schickte. Ausgestattet mit diesem satten Imagegewinn startet T-MOBILE zu einem geschäftlichen Höheflug weit über die Landesgrenzen hinaus.

Bjarne Riis, Rolf Aldag und Lance Armstrong haben sich zu den Funktionären hinübergerettet. Zusammen mit ihren altvorderen Walter Godefroot und Patrick Lefevere lehren sie uns die neue Moral. Und wir werden verstehen, dass die Bösen in kurzen Hosen und auf zwei Rädern unterwegs sind und die

Guten jene sind, die ihnen in Falthose und Sakko im klimatisierten Wagen folgen. Eben noch selbst tägliche Begleiter von Basso, Jacksche und Ullrich dürfen sie jetzt Marcel Wüst, dem einstigen Siegfahrer aus dem Skandalteam FESTINA, Rede und Antwort stehen beim Nachdenken über die Schlechtigkeit der Radsportwelt.

Derweilen werden die wegen Dopingvergehens verurteilten Rudi Altig und Didi Thurau das Publikum mit ARD-Liveschaltungen von der Strecke unterhalten.

Wenige Schritte weiter erläutert Tourchef Christian Prudhomme in freundschaftlicher Verbundenheit dem verurteilten Dopingsünder und Radsportliebling der Franzosen, Richard Virenque, warum seinerzeit die konsequente Anti-Dopinghaltung von T-MOBILE für den Radsport so wichtig war. Der als offizieller Tour-Reporter engagierte Richard Virenque wird Prudhomme zustimmen.

Nebenan erzählt T-MOBILE Chef Rolf Aldag wie er vor langen Jahren einmal eben diesen französischen Kletterkünstler Richard Virenque auf einer harten Etappe von Lyon nach Morzine über die Alpenpässe jagte. Trotz seiner 1,90 Meter und der allseits bekannten Bergschwäche hatte er damals ganz ohne unerlaubte Hilfsmittel geradezu ein Radwunder geschafft. Die Zuschauer durften Aldag am nächsten Tag sogar im Trikot des Führenden in der Bergwertung bewundern. „Ich weiß selbst noch immer nicht wie ich das damals geschafft habe" bekennt Rolf Aldag lächelnd und auch die Zuhörer schütteln ungläubig den Kopf.

Gemeinsam wird die große Radsportfamilie beim Epo-Cup in Amerika, der aus Gründen der schwierigen Vermittelbarkeit weiterhin unter dem Namen Kalifornienrundfahrt durchgeführt wird, die ersten warmen Sonnenstrahlen des Frühjahres genießen.

Zuhause in Deutschland wählt zeitgleich der Leichtathletikverband den wegen Dopingvergehens

89

verurteilten Dieter Baumann als seinen Vertreter in das Nationale Olympische Komitee.

Nur wenige Jahre später muss T-MOBILE leider sein Engagement im deutschen Radsport einstellen. Man könne doch nicht tausende von Arbeitnehmerinnen und Arbeitnehmern aus betrieblichen Gründen kündigen und zugleich Jahr für Jahr hohe Millionenbeträge in das Sportsponsoring stecken.

Am Rande der Tour de France 2015 diskutiert Tourreporter Richard Virenque mit den einst dopinverdächtigten Bjarne Riis und Lance Armstrong den neusten Dopingfall der Tour. Dieter Baumann, zwischenzeitlich zum Präsidenten des Deutschen Olympischen Sportbundes gewählt, fordert im schwäbischen Reutlingen härteste Strafen für alle Verdächtigen.

Jens Voigt verweigert jeden Kommentar zum neuen Fall. Voigt war wenige Jahre zuvor fristlos gekündigt worden, nachdem die *Süddeutschen Zeitung* Beweise für einen Dopingverdacht veröffentlicht hat. Der vormals extrem saubere Profi hat sich daraufhin ganz aus der Öffentlichkeit zurückgezogen.

Rudolf Scharping trägt wieder Bart. Der im Anti-Dopingkampf bewährte Pfälzer ist zurückgekehrt in die Politik. Als persönlicher Referent des brutalst möglichen Bundeskanzlers Roland Koch ist Scharping nun zuständig für das Aufpolieren politischer Biographien im Pool des Bundeskanzleramtes.

In Stuttgart-Stammheim arbeitet derweilen Zellenhäftling Nr. 312 unermüdlich an seinem Lebenswerk „Alle sind gedopt". Werner Franke sitzt dort eine lebenslängliche Freiheitsstrafe ab. Der frühere Heidelberger Biologe war nach Ansicht der Aufzeichnung einer TV-Diskussion zum Thema „Die gedopte Gesellschaft" zur Überzeugung gelangt, dass er selbst bei der Diskussion gedopt gewesen sein muss. Franke hat postwendend Klage gegen sich selbst erhoben.

Das Gericht folgte seinem Antrag auf härteste Bestrafung. Der unermüdliche Kämpfer gegen die Doper der Nation erfährt so eine späte Genugtuung durch einen ersten Erfolg vor Gericht.

Tragisch endet dagegen das Leben der früheren BDR-Vorsitzenden Sylvia Schenk.

Sie entdeckte im Keller der T-MOBILE Zentrale in Bonn den T-MOBILE Chef René Obermann und ARD Chef Fritz Raff zusammen mit Rudolf Scharping, Kai Rapp, Christian Prudhomme und einem unter dem Codenamen „Eufemiano" eingeschleusten spanischen Arzt in fröhlicher Runde beim Skat.

Hartnäckige Gerüchte behaupten Sylvia Schenk, die es leider ernst gemeint hatte mit dem Anti-Doping Kampf, hätte sich daraufhin in den Rhein gestürzt und sei jämmerlich ertrunken.

Die Trauerfeier fand in Anwesenheit aller hochrangigen Anti-Dopingjäger des In- und Auslandes statt. Bewegende Worte fand Oliver Bierhoff, der im Namen der großen Sportverbände seine Ausführungen unter das Motto „Keine Macht den Drogen" stellte.

Eine mit Bierhof befreundete Brauerei hat sich freundlicherweise bereit erklärt die Kosten der Feier zu übernehmen.

Zur Aufklärung des Falles nahm die Bonner Staatsanwaltschaft die Ermittlungen auf. Sie fand heraus, dass man T-MOBILE keine Vorwürfe machen könne. Die ARD informierte über diesen Unschuldsbeweis sechs Monate lang jeweils in den Top-News der Acht-Uhr Nachrichten. Durch die hierfür notwendige Ausweitung der Nachrichtenzeiten musste man leider die Rundfunk-Gebühren moderat anheben.

Jan Ullrich, Jörg Jacksche und Ivan Basso, von den Funktionären und TV-Sendern der Welt in einem langjährigen und nie endenden Prozess einstimmig schuldig gesprochen, drehen noch eine Weile ihre täglichen Runden. Ab und zu dürfen sie bei einem Kirmesrennen eines widerspenstigen Veranstalters noch auftreten, bevor sie schließlich ganz in der medialen Versenkung verschwinden.

Jahrzehnte später veröffentlicht ein verschroben wirkender Stubengelehrter einen Aufsatz über die merkwürdigen Launen der Geschichte.Das letzte Beispiel des Aufsatzes widmet der Autor einem kleinen Areal auf der Rückseite des Rohanschlosses in Straßburg. Hier, so erfahren die Leser, hat die Geschichte gleich zweimal kräftig zugeschlagen.

Schräg gegenüber vom Rohanschloss, im Rabenhof auf der anderen Uferseite der Ill, hat einst Marie Antoinette auf ihrer Reise an den französischen Hof übernachtet. Am Hof angekommen war sie schon bald Mitakteurin einer Affäre in der neben ein paar unbedeutenden Zeitgenossen auch ein gewisser Kardinal Rohan eine zentrale Rolle spielte.

Die als „Halsbandaffäre" in die Geschichte eingegangene Beziehung zwischen dem angesehenen Kardinal Louis Rohan und der Königin Marie Antoinette endete mit harten Urteilen. Eine Comtesse de la Motte wurde zum Staupbesen verurteilt, jener öffentlich am Pranger durchgeführten Prügelstrafe mit anschließender lebenslänglicher Haft. Ihren Mann schickte man bis ans Ende seiner Tage zum Dienst auf eine Galeere.

Marie Antoinette selbst und Kardinal Rohan dagegen durften sich über Freisprüche der schon damals unabhängigen Richter freuen.

Ähnliches, so der merkwürdige Aufsatz, nahm fast 300 Jahre später an gleicher Stelle in Straßburg seinen Ausgang. Ein paar in ihrer Zeit bekannte und erfolgreiche Sportler wurden verdächtigt ihre Konkurrenten mit Hilfe unerlaubter

Mittel betrogen zu haben. Mächtige Konzerne und Sportfunktionäre ernannten sich in selbstherrlicher Manier zu Vertretern der Anklage und Gerichtsbarkeit in einem. Die angeklagten Sportler wurden allesamt mit einem Berufsverbot und dem lebenslangen Verlust ihrer Ehre bestraft. Auf ein ordentliches Verfahren und Beweise für ihre Schuld hatte man angesichts der Schwere ihrer Taten verzichtet.

Man sieht, so die absonderliche Schlussfolgerung jenes Aufsatzes, Recht haben und Recht bekommen sind halt doch zwei völlig verschiedene Dinge.

Große Radrennen werden zu dieser Zeit in Deutschland nicht mehr gefahren. Mit Ausnahme von ein paar wenigen Sonderlingen haben sich die Jugendlichen und ihre Eltern der Leichtathletik zugewandt, die jedes Jahr zu Weihnachten den von T-MOBILE gestifteten „Britta Bannenberg Orden" verleiht für die selbsloseste Hilfe des Jahres zugunsten ohnmächtiger Konzerne.

So könnte die Geschichte gehen.

Gibt es auch andere Möglichkeiten? Eine wäre, dass Radsportfunktionäre, Sponsoren und Medienvertreter einfach selbst tun, was sie von den Profis fordern: sich an Recht und Gesetz orientieren.

So wenig terroristische Anschläge begründen können Menschenrechte in Guantanamo und Abu Ghraib mit den Füßen zu treten, so wenig dürfen Dopingverdächtigungen ein Anlass dafür sein, Prinzipien des Rechtsstaates fallen zu lassen.

Wenn die ProTour-Teams und Rennveranstalter beschließen, dass ab sofort 10% ihrer Jahresbudgets in die Finanzierung einer unabhängigen Dopingkontrollorganisation fliesen, wollen wir gern an ihren Anti-Dopingkampf glauben. Die im wahrsten Sinn des Wortes billige Tour der Vernichtung der Rechte Einzelner aber überzeugt nicht.

Ein Appell

Dieses Buch will ein Appell sein.

Bekämpfen wir gemeinsam Doping und Betrug! Fangen wir gleich damit an. Am besten bei jenen, die damit viel Geld verdienen, den Herstellern, den Dealern, den Medizinern die Dopingmittel wohldosiert verabreichen. Und natürlich bei uns selbst. Beim Umgang mit all jenen Hilfsmitteln, die der Substanz und dem Denken nach Doping bedeuten.

Und wehren wir jeder Form von Betrug – auch jener, bei der Sportler in rechtswidriger Weise an der Ausübung ihres Berufes gehindert werden.

Wenn Jan Ullrich, Jörg Jacksche, Ivan Basso und anderen Doping nachgewiesen wird, müssen sie die festgelegte Strafe tragen. Solange ihnen Doping nicht nachgewiesen ist, sind sie Unschuldige und müssen als solche behandelt werden.

So funktioniert unsere Gesellschaft. Wer daran rüttelt, zerstört zuerst den Radsport und anschließend die Grundlagen unserer Gesellschaft überhaupt.

Der Kampf für rechtsstaatliche Prinzipien hat in der Geschichte der Menschheit unzählige Opfer gefordert. Die wahnhafte Verfolgung und Hinrichtung unzähliger rechtloser Frauen, Männer und Kinder darf nie in Vergessenheit geraten.

Nein – wir wollen im dritten Jahrtausend keine Scheiterhaufen mehr brennen sehen!

Anhang

Chronologie der Ereignisse[96]

23. Mai 2006: Manolo Saiz, sportlicher Leiter von LIBERTY SEGUROS, und Teamarzt Eufemiano Fuentes werden im Rahmen einer Dopingrazzia festgenommen. Bei Fuentes sollen Dopingmittel und Hunderte von Blutbeuteln gefunden worden sein. Außerdem findet man eine Liste mit Codenamen, von denen man annimmt, dass sie den „Kunden" von Fuentes zuzuordnen sein sollen.

25. Mai 2006: Spanische Medien bringen Ivan Basso und Jan Ullrich mit der Dopingaffäre in Verbindung. Beide Fahrer dementieren eine Verstrickung.

25. Juni 2006: Die spanische Zeitung *El Pais* berichtet, dass mindestens 58 Radrennfahrer in die Dopingaffäre verwickelt seien.

26. Juni 2006: Auf der bei Dr. Fuentes gefundenen Liste finden sich unter anderen die Codenamen „hijo rudicio" („Rudis Sohn") und „Jan". Beide Code-Namen werden mit Jan Ullrich in Verbindung gebracht. Ullrich dementiert erneut jede Verwicklung in den Skandal.

27. Juni 2006: Die Tour-Organisation gibt Jan Ullrich grünes Licht für den Tour-Start, da keine stichhaltigen Beweise vorliegen und es nur Vermutungen gebe.

29. Juni 2006: Spanische Medien berichten, dass 58 Fahrer auf Fuentes' Dopingliste identifiziert worden seien, darunter Jan Ullrich und Tourfavorit Ivan Basso.

30. Juni 2006: Das Team T-MOBILE erhält eine Fax-Nachricht zu den Dopingvorwürfen und suspendiert Jan Ullrich, Oscar Sevilla und den sportlichen Leiter Rudy Pevenage, da die Unterlagen aus Spanien Zweifel an der Glaubwürdigkeit der drei Verdächtigten begründe. Jan Ullrich beteuert erneut seine Unschuld und sieht sich „als Opfer". Die Namen der 58 Fahrer auf Fuentes' Dopingliste werden veröffentlicht. Zu ihnen gehören Ivan Basso, Francisco Mancebo, José Enrique Gutierrez, Joseba Beloki und der Deutsche Jörg Jaksche. Die Tour-Leitung und die sportlichen Leiter der Teams vereinbaren, dass alle Fahrer die auf der Liste stehen kein Startrecht zur Tour erhalten.

1. Juli 2006: Die *Gazzetta dello Sport* veröffentlicht Auszüge aus Telefongesprächen, die Ivan Basso, Michele Scarponi und José Enrique Gutierrez belasten. Sie seien im Mai während des Giro d'Italia

aufgezeichnet worden. Der damalige sportliche Leiter des Teams Comunidad Valenciana, Labarta, soll bei einem Telefongespräch mit Dr. Fuentes gesagt haben: „Birillo zusammen mit Simoni im Ziel (...), Zapatero 20. Alles sehr gut. Würde sagen, dass alle, um die du dich kümmerst, gut im Rennen sind." *Birillo* sei der Codename für Basso und *Zapatero* der von Scarponi.

7. Juli 2006: Britta Bannenberg, Kriminologin und Professorin an der Universität Bielefeld, stellt Strafanzeigen gegen Jan Ullrich, Oscar Sevilla und Rudy Pevenage. Die ehemalige Leichtathletin schreibt in ihrer Strafanzeige, dass Ullrich T-MOBILE über die Einnahme von verbotenen Substanzen getäuscht und trotzdem Gehälter und Prämien kassiert habe. Die Staatsanwaltschaft Bonn prüft, ob es zu einem Prozess wegen Betrugs und des Verstoßes gegen das Arzneimittelgesetz kommen werde.

10. Juli 2006: Der *Spiegel* zitiert aus den Ermittlungsberichten der spanischen Polizei, dass es einen weiteren Codenamen für Jan Ullrich gebe. Am Tag des Giro-Etappensiegs von Ullrich am 18. Mai habe Rudy Pevenage in einem Telefonat mit Fuentes gesagt: „Die ‚dritte Person' hat gewonnen."

14. Juli 2006: Die *Süddeutsche Zeitung* meldet, dass Ullrich bereits 2005 Kontakt zu Fuentes gehabt habe. So sei Ullrich in der ersten Woche der Tour de France 2005 täglich mit verbotenen Substanzen versorgt worden. In einem Tagebuch von Fuentes stehe unter der Überschrift „Jan" folgendes: „Vorbereitung für sechs Tage mit Hormonen, Insulin, Kortison und Testosteron". Datiert sei der Eintrag Anfang Juli 2005

21. Juli 2006: Jan Ullrich und Oscar Sevilla werden vom Team T-MOBILE fristlos gekündigt. Als Begründung wird angegeben, dass Ullrich und Sevilla den von ihnen angekündigten Unschuldsbeweis nicht geliefert haben. Angesprochen auf die von Ullrich geforderte Unschuldsvermutung sagte Christian Frommert, Leiter der Sportkommunikation T-MOBILE: „...der Sport, insbesondere der Radsport, hat sich eigenen ethischen und moralischen Regeln verpflichtet, die auch in den Verträgen der Fahrer dokumentiert sind." Jan Ullrich will die Kündigung nicht akzeptieren und dagegen juristisch vorgehen

22. Juli 2006: Es wird bekannt, dass keinem der in den Dopingskandal verwickelten Sportler ein Gerichtsverfahren in Spanien droht. Der Teamchef von T-MOBILE, Olaf Ludwig, teilt mit, dass die Tür für Jan Ullrich und Oscar Sevilla noch nicht ganz geschlossen und eine Wiedereinstellung möglich sei. Allerdings müssten die Fahrer beweisen, dass sie nicht in den Fall verwickelt sind.

25. Juli 2006: Ullrich betont noch einmal in einem Interview mit der Zeitung *Blick*, nie gedopt zu haben. Dem fügt er hinzu: „Ich muss doch nicht meine Unschuld beweisen. Es ist menschenunwürdig, wenn ich einen Gentest abgeben muss. Ich bin Radprofi und doch kein Mörder oder Verbrecher."

27. Juli 2006: Der in den Dopingskandal verwickelte Jörg Jaksche vom Team Astana sagt seinen Start beim Rennen Nacht von Hannover ab, nachdem BDR-Präsident Rudolf Scharping sich ausdrücklich gegen einen Start des Ansbachers ausgesprochen hatte.

3. August 2006: Der Biologe Werner Franke erklärt, dass das Dopingbudget von Jan Ullrich bei etwa 35.000 Euro lag. Franke äußerte sich gegenüber dem Regionalsender Rhein Main TV, dass er schockiert sei, in welchem Umfang Ullrich gedopt habe.

4. August 2006: Franke äußert, dass er 50 Seiten der Guardia Civil vorliegen habe. Über die Arbeit der spanischen Polizei sagt Franke: „Das ist unheimlich penibel." Franke hat keine Zweifel, dass Ullrich in den Dopingskandal verwickelt ist: „Wer bestreitet, dass Jan Ullrich bei Fuentes Kunde war, macht sich lächerlich." Auf der Kundenliste von Dr. Fuentes sollen auch Santiago Botero mit 12.500 Euro, sowie Jörg Jaksche mit mehreren Bestellungen zwischen 400 und 500 Euro stehen. Die von Franke veröffentlichten Zahlen konnten jedoch weder von den Teamleitungen noch von den nationalen Radsportverbänden bestätigt oder nachvollzogen werden, obwohl ihnen die Auszüge aus den Ermittlungsakten ebenfalls vorliegen.

10. August 2006: Unter Berufung auf den Dopingexperten Franke berichtet die *Stuttgarter Zeitung*, dass eine der deutschen Kontaktpersonen von Fuentes aus Baden-Württemberg kommen soll. Franke äußerte sich außerdem, dass laut den spanischen Ermittlungsberichten, die er vorliegen hat, Jan Ullrich am 9. Januar 2006 Fuentes und seinem Partner 35.000 Euro zukommen lassen hat. Franke weiter: "Wer die Akte gelesen hat, dem bleibt kein Zweifel mehr daran, dass Ullrich gedopt hat."

14. August 2006: Jan Ullrich erwirkt gegen Werner Franke eine einstweilige Verfügung, der nun nicht mehr behaupten darf, Ullrich habe im Jahr 35.000 Euro für verbotene Substanzen ausgegeben. Franke wehrt sich und verweist darauf, dass er nur aus den Ermittlungsakten zitiert habe: "Danach wird eine Rechnung über 35.000 Euro der Nummer 1 zugeordnet, und die Nummer 1 ist laut Ermittlungen nun einmal Jan Ullrich."

17. August 2006: Laut Medienberichten ist in den Ermittlungsakten ein Fax enthalten, dass Jan Ullrich belastet. Absender war Fuentes und einer seiner Dopingkuriere der Empfänger. So soll es im Fax heißen: "Nelson,

wie verabredet übermittle ich dir die Liste der Mitarbeiter und Teilnehmer am Festival, das im Mai stattfindet. Auf deine Hilfe und Mitarbeit hoffend, verbleibe ich mit einem Gruß (...) danke, Eufuentes." Insgesamt werden sieben Personen aufgezählt, zwei mögliche Dopingkuriere und fünf Radprofis, unter ihnen Ivan Basso und Jan Ullrich, der allerdings mit nur einem L geschrieben wurde. Zum ersten Mal wird im Dopingskandal Fuentes Jan Ullrich in einem Dokument der Ermittlungsakten namentlich erwähnt, da man bisher nur Codenamen, wie "Jan" oder "Rudi's Sohn", die man Ullrich zuordnet, vorfinden konnte.

25. August 2006: Die *Stuttgarter Zeitung* berichtet, dass Dopingexperte Werner Franke Strafanzeige gegen Jan Ullrich erstattet hat. Franke bezichtigt Ullrich, wider besseres Wissen in einer eidesstattlichen Versicherung erklärt zu haben, nicht in den Dopingskandal um den Mediziner Eufemiano Fuentes verwickelt zu sein.

27. August 2006: Jan Ullrich hat sich nach Angaben auf seiner Homepage mit dem Rennstall T-MOBILE auf eine vorzeitige einvernehmliche Beendigung des Fahrervertrages verständigt. Unzutreffend seien Berichte, wonach er die fristlose Kündigung des T-MOBILE Team akzeptiert hätte.

29. August 2006: Ivan Basso hat vor dem Disziplinarausschuss des Italienischen Olympischen Komitees im Olympiastadion in Rom erneut erklärt, dass er keinen Kontakt zu Dr. Fuentes hatte.

9. September: Die Tour-Organisation ASO verkündet, dass es außer Floyd Landis keinen weiteren Dopingfall bei der Tour de France 2006 gegeben hat.

13. September: Jan Ullrich gewinnt einen Rechtsstreit gegen den Molekular-Biologen Prof. Dr. Werner Franke. Franke hatte im Fernsehen behauptet, dass Ullrich jährlich 35.000 Euro für Dopingmittel ausgegeben habe und sich dabei auf die Ermittlungsakten der spanischen Polizei berufen. Der Schweizer Radsportverband wartet weiterhin auf beglaubigte Unterlagen des Weltradsport-Verbandes UCI zum Dopingskandal Fuentes. Laut dem Sprecher des Schweizer Radsportverbandes, Lorenz Schäfli, sollen die Unterlagen in einigen Tagen eintreffen.

14. September: Der für den Dopingskandal zuständige spanische Richter Andres Serrano ist bereit, der Staatsanwaltschaft Bonn Blutproben aus den Jan Ullrich zugeordneten Blutbeuteln, die bei der Razzia im Mai beschlagnahmt wurden, für Untersuchungen zur Verfügung zu stellen. Eine offizielle Anfrage aus Bonn liege jedoch noch nicht vor. Das Blut solle mit DNA-Spuren abgeglichen werden, die bei der Hausdurchsuchung am 13. September sichergestellt wurden.

16. September: Laut Informationen von *eurosport.de* steht Spanier Alejandro Valverde ebenfalls auf der Liste der Kunden des Dopingarztes Fuentes. Auf einem beschlagnahmten Dokument soll sich das Kürzel „Valv. (Piti)" gefunden haben, wobei „Piti" der Name von Valverdes Hund sein soll.

27. September: Der Schweizer Radsportverband würde Jan Ullrich für 2007 eine Lizenz ausstellen, wenn er sie beantragt, so der Geschäftsführer Lorenz Schläfli. Grund dafür ist, dass immer noch keine beglaubigten Ermittlungsberichte der spanischen Polizei vorliegen, die für eine Eröffnung eines Disziplinar-Verfahrens benötigt werden. Schläfli hatte die Ermittlungsakten vor vier Wochen an den Weltradsportverband UCI zurückgeschickt und um beglaubigte Dokumente gebeten, doch trotz mehrmaligen Ermahnungen kamen bisher keine beglaubigten Dokumente in der Schweiz an.

4. Oktober: Der Radsport-Weltverband UCI möchte eine neue Fahrerlizenz für Jan Ullrich notfalls durch den Gang vor den internationalen Sportgerichtshof CAS verhindern, sollte nicht bald ein Disziplinar-Verfahren gegen Ullrich durch den Schweizer Radsportverband eröffnet werden. Der Schweizer Radsportverband kann allerdings nur ein Verfahren eröffnen, wenn beglaubigte Ermittlungsberichte der spanischen Polizei vorliegen. Die wurden allerdings noch nicht an den Verband zurückgesandt.

12. Oktober: Das Nationale Olympische Komitee Italiens (CONI) wird kein Dopingverfahren gegen Ivan Basso eröffnen und hat das Verfahren eingestellt. Der Chefankläger des CONI Franco Cosenza hat die Entscheidung gefällt, da es nicht ausreichende Beweise gegen den Giro d'Italia-Sieger gebe. Basso darf somit ab sofort wieder Rennen fahren.

19. Oktober: Jan Ullrich tritt aus dem Schweizer Radsportverband Swiss Cycling aus. Grund dafür ist laut einer Mitteilung auf Jan Ullrichs Homepage, dass Swiss Cycling und der Schweizer Sportverband Swiss Olympics die Medienkampagne durch widersprüchliche Aussagen angeheizt hätten.

28. Oktober: Der spanische Radsportverband (RFEC) hat alle Disziplinarverfahren gegen die rund 30 verdächtigten spanischen Fahrer vorläufig eingestellt. Somit sind die Fahrer ab sofort wieder dazu berechtigt Rennen zu fahren.

12. November: Der kolumbianische Radsportverband hat das Disziplinar-Verfahren gegen Santiago Botero eingestellt. Laut des Verbandes liegen überhaupt keine Beweise gegen Botero vor, die darauf schließen lassen, dass er Kunde von Eufemiano Fuentes war.

15. November: Jan Ullrichs neuer Anwalt Peter-Michael Diestel schließt einen DNS-Abgleich mit bei den im Mai beschlagnahmten Blutbeuteln nicht mehr aus.

17. November: Santiago Botero unterschreibt einen neuen Vertrag beim zweitklassigen kolumbianischen Team EPM-Orbitel.

22. November: Der deutsche Radprofi Jörg Jaksche, der ebenfalls verdächtigt wird Kunde von Dopingarzt Fuentes zu sein, darf ab sofort wieder Rennen bestreiten. Der österreichische Radsportverband, bei dem Jaksche seine Lizenz hat, wird vorerst kein Verfahren gegen ihn eröffnen.

24. November: In acht Blutbeuteln, die die spanische Polizei bei der Razzia im Mai bei Eufemiano Fuentes sichergestellt hatte, sind erhöhte Mengen des Dopingmittels EPO nachgewiesen worden. Welchen Fahrern die Blutbeutel zugeordnet werden, ist nicht bekannt

8. Dezember: Das Team DISCOVERY CHANNEL soll aus dem Verband der ProTour-Teams IPCT ausgeschlossen werden. Durch die Verpflichtung von Ivan Basso im November hatte DISCOVERY CHANNEL gegen den Ethikcode der ProTour verstoßen.

20. Dezember: Das spanische Männermagazin *Interviú* erhebt Vorwürfe gegen Jan Ullrich und bezieht sich dabei auf Ermittlungsergebnisse der spanischen Polizei. So soll Ullrich in diesem Jahr 70.000 Euro an Dopingarzt Fuentes überwiesen haben und auch Ivan Basso soll diese Summe an den Spanier gezahlt haben. Weitere Radsportler zahlten nach Angaben des Magazines ebenfalls hohe Summen. Ullrich soll laut den Polizeiprotokollen der Codename "1 Nibelungo" und für Basso "2 Birilo" zugeordnet worden sein.

20. Dezember: Der Spanier Inigo Landaluze wird vom Internationalen Sportgerichtshof CAS in Lausanne vom Doping-Vorwurf freigesprochen. Der spanische Radprofi war bei der *Dauphine Libéré* 2005 des Missbrauchs von Testosteron überführt worden. Der Freispruch erfolgte wegen Regelwidrigkeiten bei der Analyse des Pariser Anti-Doping-Labors Chatenay-Malabry.

21. Dezember: Der Schweizer Radsportverband wird in Kürze das Disziplinarverfahren gegen Jan Ullrich einstellen, so dessen Geschäftsführer Lorenz Schaefli, sollte es keine weiteren Beweise gegen Ullrich geben. Dem widersprach der für den Fall zuständige Sachbearbeiter Bernhard Welten. Eine Einstellung sei zurzeit noch kein Thema. Welten erwarte Mitte Januar weitere Unterlagen aus Spanien und Deutschland.

23. Dezember: Jan Ullrich wendet sich über seine Homepage direkt an seine Fans. „Ich weiß zwar, dass die Rückkehr in den Profisport steinig wird, aber ich bin entschlossen zu kämpfen und mich durchzusetzen."

24. Dezember: IOC-Präsident Jacques Rogge äußert sich gegenüber der Presse zu Jan Ullrich und Ivan Basso: „Die Frage, ob sie schuldig sind oder nicht, ist noch nicht beantwortet. Deshalb sind Ullrich, Basso und die anderen frei zu fahren, wo immer sie wollen. Vielleicht ist es teilweise nicht erfreulich, sie im Peloton zu tolerieren, aber es ist nötig. Die Unschuldsvermutung ist ein unantastbares Prinzip für mich. Das müssen auch die ProTour-Teams verstehen – es reicht nicht, jemanden für schuldig zu halten."

01. Januar: Erik Zabel spricht sich gegenüber der italienischen Presse für DNA-Tests im Radsport aus. „Mit DNA-Tests hätten wir sofort Sicherheit und das ist es was wir brauchen" erklärt der 36-Jährige.

08. Januar: Der Wechsel von Alejandro Valverde zum Team T-MOBILE ist gescheitert. T-MOBILE hatte dem Doping-Verdächtigen Spanier trotz dessen Vertrages beim Team CAISSE D´EPSARGNE ein Angebot gemacht. CAISSE D´EPSARGNE richtet massive Vorwürfe gegen T-MOBILE und dessen Abwerbungsversuche. Die Spanier sehen elementare Verletzungen ethischer Prinzipien und des UCI-Reglements.

12. Januar: Die Mehrheit der ProTour-Teams lehnt einen Ausschluss des Teams DISCOVERY CHANNEL aus der Vereinigung der Profiteams wegen der Verpflichtung von IVAN Basso ab.

14. Januar: Das Magazin Focus berichtet, die Bonner Staatsanwaltschaft plane einen DNA-Abgleich einer Speichelprobe von Jan Ullrich mit den ihm zugerechneten Blutbeutel der Madrider Praxis von Dr. Fuentes. Tourchef Christian Prudhomme kündigt an, man werde keinen Doping-Verdächtigen Fahrer zur Tour 2007 zulassen.

16. Januar: El Pais berichtet, dass die Ermittlungen im Dopingskandal um Dr. Fuentes sich verzögern. Erst wenn die Schulden von 25.000 Euro durch die spanische Justiz beglichen seien, wolle das Labor weitere Blutbeutel analysieren lassen.

24. Januar: Belgische Medien bringen Patrick Lefevere, Chef des ProTour-Teams Quick-Step, mit Doping in Verbindung. Unter der Überschrift „Patrick Lefevere – 30 Jahre Doping" wird berichtet, Lefevere habe früher selbst gedopt und mit Dopingmitteln gedealt. Lefevere soll, so ein Vorwurf, ein organisiertes Dopingsystem betrieben haben und betreiben. Lefevere ist unter anderem Vorsitzender des Verbandes der Profirennställe und hat in dieser Eigenschaft erst kürzlich den Spanier Manolo Saiz wegen der Dopingaffäre ausgeschlossen.

30. Januar: Jan Ullrich teilt über seine Website der Öffentlichkeit mit, dass er „jederzeit bereit ist, eine Speichelprobe in Deutschland abzugeben"

zum DNA-Abgleich mit Blutbeuteln aus der Praxis von Dr. Fuentes in Spanien.

01. Februar: Jan Ullrich hat in Konstanz eine Speichelprobe zum Abgleich seiner DNA mit den in Spanien sicher gestellten Blutbeuteln abgegeben.

05. Februar: UCI-Präsident reagiert auf das Angebot einer DNA-Probe des ebenfalls verdächtigten Jörg Jaksche mit dem Hinweis, er wisse nicht wohin mit der Probe.

06. Februar: Jörg Spindler, Sprecher der Bonner Staatsanwaltschaft sagt auf die Frage danach, wann endlich der DNA-Vergleich bei Jan Ullrich erfolge: „Wann das passiert, steht in den Sternen".

Stimmen zur Vorverurteilung

Miguel Indurain (fünffacher Tour de France Sieger): „Nur weil ihre Namen im Zusammenhang mit der Dopingaffäre genannt werden, ist das noch kein Grund für eine Vorverurteilung."

Michael Schumacher (Formel 1 Rekordweltmeister): „So lange er (Jan Ullrich, Anm. des Verf.) nicht überführt ist, so lange sollte man ihn nicht schuldig sprechen."

Jaques Rogge (IOC-Präsident): „Die Unschuldsvermutung ist ein unantastbares Prinzip für mich. Das müssen auch die ProTour-Teams verstehen - es reicht nicht, jemanden für schuldig zu halten".

Herwig Hasslacher (Anwalt & Sportrechte-Experte): "Eine Vorverurteilung ersten Ranges! Ullrich wurde 2006 um seine Chancen gebracht".

Bundesinnenministerium: „Eine Vorverurteilung des Sportlers steht nicht an".

Jörg Jaksche: „Ich war nie positiv, nie in Haft, gegen mich lief nie ein Verfahren und meine Lizenz wurde auch nicht entzogen…Leben wir in einem demokratischen Land?"

Jan Ullrich: „Ich hatte Lust, zu schreien, dass alles was man über mich erzählt nichts als Lügen sind. Ich werde kämpfen. Ich möchte einigen zeigen, dass sie sich in meiner Angelegenheit getäuscht haben"

Europäische Menschenrechtskonvention
Abschnitt 1 – Rechte und Freiheiten (Art. 2-18)
Artikel 6
Recht auf ein faires Verfahren

(1) Jede Person hat ein Recht darauf, dass über Streitigkeiten in Bezug auf ihre zivilrechtlichen Ansprüche und Verpflichtungen oder über eine gegen sie erhobene strafrechtliche Anklage von einem unabhängigen und unparteiischen, auf Gesetz beruhenden Gericht in einem fairen Verfahren, öffentlich und innerhalb angemessener Frist verhandelt wird. Das Urteil muss öffentlich verkündet werden; Presse und Öffentlichkeit können jedoch während des ganzen oder eines Teiles des Verfahrens ausgeschlossen werden, wenn dies im Interesse der Moral, der öffentlichen Ordnung oder der nationalen Sicherheit in einer demokratischen Gesellschaft liegt, wenn die Interessen von Jugendlichen oder der Schutz des Privatlebens der Prozessparteien es verlangen oder - soweit das Gericht es für unbedingt erforderlich hält - wenn unter besonderen Umständen eine öffentliche Verhandlung die Interessen der Rechtspflege beeinträchtigen würde.

(2) Jede Person, die einer Straftat angeklagt ist, gilt bis zum gesetzlichen Beweis ihrer Schuld als unschuldig.

Quellenhinweise und Erläuterungen

[1] Die Angaben im folgenden Text beziehen sich auf Veröffentlichungen der Deutschen Medien bis zum 06. Februar 2007, dem Datum der Fertigstellung des Textes. Spätere Entwicklungen und weitere Quellenhinweise finden sich im Internet unter cleiss.de

[2] Mein 84-jähriger Vater zur Medienberichterstattung und den so genannten Anti-Doping Aktionen im Fall von Jan Ullrich

[3] „Himmelreich" und „Höllental" sind Ortsbezeichnungen im früheren Trainingsgebiet von Jan Ullrich zwischen Freiburg und dem Feldberg

[4] Die Halsbandaffäre bezeichnet eine Affäre am Hof des französischen Königs in den 1780-ziger Jahren. Ausführliche Informationen unter „www.wikipedia.org

[5] siehe Anmerkung 2

[6] dpa laut rad-net.de vom 30.06.2006

[7] am 17. Juli 2006 erklärt Jan Ullrich über seine Website janullrich.de, dass seine Anwälte Kontakt mit den spanischen ermittlungsbehörden aufgenommen haben, um festzustellen, welche konkreten Vorwürfe gegen ihn erhoben werden.

[8] Neben Jan Ullrich wurde noch folgende Mitfavoriten auf den Toursieg ausgeschlossen: Ivan Basso, Francisco Mancebo und Alexander Vinokurov. Zusammen mit dem zurückgetretenen Lance Armstrong fehlten bei der Tour 2006 die fünf Erstplatzierten aus dem Vorjahr 2005

[9] siehe rad-net.de vom 30.06.2006

[10] ebenda

[11] ebenda

[12] dpa laut rad-net.de vom 23.10.2006

[13] Meldung von sport1.de vom 03.10.2006

[14] FAZ vom 03.11.2006

[15] eine Chronologie um Dieter Baumen und die Zahnpasta-Affäre findet sich im Internet unter sportunterricht.de/lksport/baumann.html

[16] ebenda

[17] Hinweise auf beide Seiten finden sich aber unter radsport-aktiv.de

[18] diese Bezeichnungen werde als Codenamen Jan Ullrich zugeordnet

[19] Jan Ullrich hatte im ersten Halbjahr 2006 neben den üblichen Wettkampfkontrollen 11 unangemeldete Trainingskontrollen. Alle Tests waren negativ. Siehe Internet janullrich.de vom 27. Juli 2006

[20] „Jan" als Codenamen für „Jan Ullrich" ist nicht zwingend. Es gibt weitere Radsportler (Jan Svorada, Jan Hruska) und andere Spitzensportler (Jan Koller) die dem Namen „Jan" genauso zugeordnet werden könnten

[21] Männermagazin „Interviú"

[22] am 26. Juni 2006, ein Tag vor dem „Grünen Licht" für alle beschuldigten Fahrer, hatte die spanische Zeitung *El Pais* noch einmal alle Spekulationen der Guardia Civil wiederholt und dabei auch die Jan Ullrich zugerechneten Codenamen aufgeführt; siehe Internet nzz.ch vom 27.06.2006

[23] Meldung bei radsportnews.net vom 16.06.2005

[24] dpa laut rad-net.de vom 12.07.2006

[25] siehe „Jens Voigt" bei wikipedia.org

[26] „Patrick Lefevere – 30 Jahre Doping" lautet eine Überschrift der *Gazet van Antwerpen* vom 23.01.2007 laut rad-net.de vom 24.01.2007

[27] Bibel Altes Testament, Levitikus, 16,21 f

[28] FAZ vom 08.01.2006

[29] ebenda

[30] Internet hiltzbrinck.com

[31] FAZ vom 09. 01. 2007

[32] eine ganze Sammlung einschlägiger Internetlinks zu diesem Thema finden sich unter free-webspace.biz/g-punkt-iserlohn/medien_text.html

[33] FAZ vom 24.12.2006

[34] siehe Anmerkungen Nr. 25

[35] Ein Sprecher der Telekom sagte damals, „Die Unschuldsvermutung bleibt weiter bestehen" siehe Internet 123recht.net vom 02.06.2005; genau so beharrten die beklagten Spitzenmanager im Mannesmann-Prozess auf der Unschuldsvermutung – siehe dpa-Meldung vom 21.12.2005 verivox.de

[36] dpa vom 28.09.2006 laut Internet verivox.de

[37] Internet schutzkreis.de

[38] ebenda

[39] siehe Internet unter www.fitug.de/debate/0304/msg00237.html

[40] sid laut radsport-aktiv.de vom 02.11.2005

[41] dpa-Meldung laut rad-net.de vom 31.05.2006

[42] Meldung bei Welt.de vom 15.09.2006

[43] ebenda

[44] Internet t-mobile.de

[45] siehe hierzu die Website rudolf-scharping.de; der Vorwurf damals lautete, Rudolf Scharping hätte sich mit Flugzeugen der Bundeswehr zu privaten Treffen fliegen lassen.

[46] Siehe Internet tagesspiegel.de Artikel „Urangeschosse" vom 13.01.2001

[47] Focus vom 04.12.2006

[48] Erik Zabel laut dpa vom 10.01.2006

[49] HM Holczer laut radsport-aktive.de vom 08.11.2006

[50] inzwischen wurde aus der ursprünglichen Test-Pflicht eine Pflicht zum Test bei vorliegendem Verdacht

[51] siehe oben

[52] siehe cycling4fans.de

[53] Das Ermächtigungsgesetz, das am 23. März 1933 beschlossen wurde, war ein Instrument, um die nationalsozialistische Diktatur in Deutschland einzuführen. Mit der Einführung dieses Gesetzes hat die Regierung unter Adolf Hitler die Ermächtigung erlangt, ohne Zustimmung von Reichstag und Reichsrat sowie ohne Gegenzeichnung des Reichspräsidenten Gesetze zu erlassen.

[54] Siehe Internet radsport-news.com vom 23.01.2007

[55] Siehe Internet radsport-news.com unter „Das ist der Lefevere, wie wir ihn kennen" vom 24.01.2007; die BDR-Website hat zu diesem Zeitpunkt über den Vorfall nur unter der Überschrift „Ex-Weltmeister Museeuw gibt Doping zu" berichtet!

[56] siehe Internet heise.de/newsticker/meldung/80968

[57] dpa laut Internet ftd.de vom 19.07.2006

[58] dpa laut rad-net.de vom 30.06.2006 und 01.07.2006

[59] ebenda

[60] Die letzte Hinrichtung einer Hexe fand 1787 in der Schweiz statt

[61] zitiert nach FAZ vom 25. Januar 2007

[62] als DNA-Analyse (deutsche Abkürzung DNS) werden molekularbiologische Verfahren bezeichnet, welche die DNA verwenden, um Rückschlüsse auf Aspekte eines Individuums (Untersuchung von Krankheiten; Bestimmung der Identität) zu ziehen

[63] siehe Internet heise.de/newsticker/meldung/55209

[64] siehe forum kriminalprävention Heft 4/2003

[65] ebenda

[66] aus Freiwillige Selbstverpflichtungserklärung der Mitgliedsunternehmen des GDV

[67] Inzwischen rudern die Teamchefs kräftig zurück. Nur noch eine generelle Verpflichtung zum Test bei Vorliegen eines Verdachtes soll in die Verträge der Fahrer aufgenommen werden. Wann ein Verdacht ausreichend Gewicht hat und wer dies feststellt ist (öffentlich) nicht bekannt; vgl. Internet cycling4fans.de Meldung vom 16. Januar 2007

[68] siehe Ulrich Strack, Versicherungsrisiko Erbgut, in Der gläserne Mensch, 2003

[69] ebenda

[70] ebenda

[71] Internet
lfd.nrw.de/pressestelle/download/glaeserner_mensch/5_menzel.pdf
[72] vgl. Jan Beckmann in „Der gläserne Mensch" 2003
[73] siehe Internet jusline.de vom 20.09.2006
[74] dpa laut rad-net.de vom 16.07.2006
[75] dpa laut rad-net.de vom 30.06.2006
[76] Internet personalbeurteilung.de
[77] Bericht von Clara Cleiß, Dudenhofen, früher Uni Kiel
[78] Milgram-Experiment im Internet bei wikipedia.org
[79] Elisabeth Noelle-Neumann in „Die Schweigespirale", 1980
[80] am 13.08.2006 in der ARD
[81] siehe Suchfunktion bei rad-net.de
[82] FAZ vom 30.12.2006
[83] dpa laut rad-net.de vom 05.07.2006
[84] NADA ist die Nationale Anti-Doping Organisation; dpa laut rad-net.de vom 12.10.2006
[85] siehe Internet linkszeitung.de in „Betrachtung zum Fall Jan Ullrich" vom 26.10.2006
[86] Siehe hierzu. Internet radsport-aktiv.de vom 30.11.2006
[87] siehe HANDESLBLATT vom 12. Juli 2005 unter „Ex-Telekom-Vorstand rechnet mit der Justiz ab"
[88] siehe hierzu dpa in einer Meldung vom 15.01.2007 zitiert nach Mittelbadischer Presse vom 16.01.2007
[89] dpa vom 16.01.2007 bei rad-net.de
[90] Internet rad-net.de vom 06.02.2007
[91] siehe Meldung „Fahrer-Vereinigung klagt in Spanien gegen Ethik-Code" vom 15.01.2007 bei radsport-aktiv.de
[92] so geschehen am Bahnhof in Freiburg am 16. Dezember 2006
[93] dieser Ausspruch wird Ludwig XIV zugeschrieben und steht für ein absolutistisches Staats- und Rechtsverständnis
[94] Meldung von radsportnews.net vom 14.01.2007 unter „ARD-Vertrag: Kein Fuentes-Fahrer bei D-Tour
[95] Dr. Oliver Schloz, WJ -Vorsitzender KV Ortenau
[96] Zitiert nach wikipedia.org unter „Dopingskandal Fuentes"